Karmische Bindungen

Irrungen und Wirrungen

BoD™
BOOKS on DEMAND

„Alles was wir tun hat eine Folge. Aber das Kluge und Rechte bringt nicht immer Günstiges und das Verkehrte nicht immer Ungünstiges hervor."

Johann Wolfgang von Goethe

Günter Skwara

Karmische Bindungen

Irrungen und Wirrungen

Bibliografische Information der Deutschen Nationalbibliothek:
Die Deutsche Nationalbibliothek verzeichnet diese Pu-
blikation in der Deutschen Nationalbibliografie; detail-
lierte bibliografische Daten sind im Internet über
http://dnb.dnb.de abrufbar.

Herstellung und Verlag:

BoD – Books on Demand, Norderstedt

ISBN: 978-3-7528-4249-4

Inhaltsverzeichnis

Karmische Bindungen

Das so genannte Karma ist dazu geeignet uns miteinander, füreinander oder gegeneinander zu verflechten. Es gibt ein gutes und ein schlechtes Karma, wie man so sagt. Was aber ist gut, was schlecht?

Kann das eine Gute nicht für den anderen zum Schlechten gedeihen? Hat das Schlechte immer auch etwas mit dem Bösen zu tun? Wer öffnet das Tor zum Geheimnis? Wie können wir den Sinn des Karma kennenlernen, ihn wahrnehmen?

Spirituelle Rückführungen ermöglichen jedermann den Blick hinter die Kulissen und lassen sogar Veränderungen zu. Karmisches Erleben hat in jedem Falle mit Gemeinsamkeit zu tun. Damit ist nicht nur das Miteinander bei Lebewesen gemeint.

Auch Einzelgänger oder Eremiten müssen sich nämlich dennoch mit den Verhältnissen ihrer Umgebung, mit der Natur und dergleichen auseinandersetzen. So ist immer die Konfrontation, als das bequeme Gegenüberstehen, beim Karma entscheidend.

Im weiteren Sinne äußert sich karmisches Dasein in Form von Kommunikation sowohl mit den Mitwesen, als auch mit dem eigenen Sein und schließlich mit der ganzen Welt, den kosmischen Gegebenheiten.

Die Wörterbücher lassen uns nicht im Unklaren über den Begriff und dessen Funktion. So steht beispielsweise in Wikipedia in etwa zu lesen:

„**Karma** (Sanskrit: *karman*, Pali: *kamma* „Wirken, Tat") Das Karma bezeichnet ein spirituelles Konzept, nach dem jede Handlung oder Unterlassung – sowohl physisch als auch psychisch – unweigerlich eine Folge hat.

Diese Folge muss nicht unbedingt im gegenwärtigen Leben sofort wirksam werden. Sie kann sich ebenso erst in zukünftigen Leben manifestieren.

In den indischen Religionen ist die Lehre des Karma eng mit dem Glauben an Samsara, den Kreislauf der Wiedergeburten, verbunden.
Damit wirkt diese Bindung, die Gültigkeit des Ursache-Wirkungs-Prinzips, auf geistiger Ebene auch über mehrere Lebensspannen hinweg.

In Hinduismus, Buddhismus und Jainismus bezeichnet der Begriff zumeist die Folge jeder Tat (sowie auch jeder Unterlassung) die Rückwirkungen auf den Akteur selbst.
Handlungen, Unterlassungen und entsprechende Gedanken wirken in jeder Hinsicht.
Karma entsteht demnach durch eine übergeordnete Gesetzmäßigkeit, nicht etwa wegen einer Beurteilung durch einen Göttlichen Weltenrichter oder einen Gott: Es geht hier nicht um Göttliche „Gnade" oder um eine „Strafe".
So erzeugt nicht nur „schlechtes" Karma den Kreislauf der Wiedergeburten, sondern gleichermaßen das „Gute". Letztes Ziel besteht schließlich darin: Überhaupt kein Karma mehr zu erzeugen.

In den mitteleuropäischen, spirituellen Lehren kommt der Begriff „Karma" auch in der Anthroposophie von Rudolf Steiner vor. Dort ebenfalls in Verbindung mit der Reinkarnation.

Eine von mir modifizierte Definition, entsprechend der Erkenntnisse, die sich mir aus hunderten von Spirituellen Rückführungen erschlossen haben, lässt uns recht gut wahrnehmen, worauf Karma wirklich beruht.

Was aber haben die großen Religionen und Philosophien zum Thema Karma zu sagen?

Hinduismus

Die Vorstellungen von Karma und Samsara bilden eine wichtige Basis für den Hinduismus.

Letztlich soll der ewige Kreislauf der Wiedergeburten, Samsara, überwunden werden.

Entsprechend der Upanishaden gelingt dies speziell über die spirituelle Erkenntnis, dass die Individualseele Atman mit der Weltseele Brahman in ihrem Wesenskern identisch ist.

Jeder Mensch hat demnach seinen eigenen Dharma, den es zu erfüllen gilt.

Dharma sind einerseits kosmische Gesetze und andererseits soziale Gesetzestexte. Die Erfüllung ist in jedem Falle ausschlaggebend dafür, ob gutes oder schlechtes Karma bewirkt wird.

So gibt es im Hinduismus den allgemein gültigen Sadharana-Dharma, der die Pflichten eines jeden Individuums beinhaltet.

Dort sind Tugenden wie etwa die Gewaltlosigkeit (ahimsa), die Wahrhaftigkeit (satya), Selbstkontrolle (dama), Geduld (ksanti), Mildtätigkeit (danam) und die allgemeine Gastfreundschaft (ahithi) beschrieben.

Diese Tugenden gelten für alle Menschen gleichermaßen, jedoch gibt es keinen einheitlichen Kodex dafür.

Der Svah-Dharma dagegen, schreibt die Pflichten der verschiedenen Schichten der Gesellschaft vor. Er ist für jeweils eine bestimmte Gruppe maßgeblich.

Demnach etwa ist der Dharma eines Kriegers (Kshatriya-Kaste), im Falle eines Krieges notfalls auch zu töten.

Muss ein Krieger einen Feind töten, bewirkt dies möglicherweise kein schlechtes Karma, da er seinen Dharma erfüllt hat, die ihm auferlegte Aufgabe.

Tötet jedoch jemand ausschließlich aus egoistischen Beweggründen, hat dies sehr sicher schlechtes Karma zur Folge.

Die Verknüpfung von Karma mit der Vorstellung im Dharma beinhaltet sehr starke moralische Komponenten sowie darüber hinaus ethische Aspekte.

Diese hinduistische Karma-Theorie erklärt unter anderem auch das Rätsel von anscheinend unverschuldetem Leid und gesellschaftlicher Ungleichheit.

Im Mahabharata, „Der großen Geschichte der Bharatas (indischer Held und König, Ahnherr der Bharatas)", gibt es mehrere Erklärungen zu der Frage, in welchem Zusammenhang die ursächlichen Taten zu dessen Wirkung stehen.

Eine weit verbreitete Überzeugung, nicht nur im Hinduismus, besteht darin, dass die Werke ihre Wirkung automatisch erzeugen.

Es gibt jedoch auch differenzierte Darlegungen. Zwei Ursachen für die Bindung der Seele, nämlich: Nichtwissen (avidya) und Begierde (lobha).

Diese bewirken, dass die Tätigkeit der Sinnesorgane Unruhe verursacht und damit die Trübung der Erkenntnis einhergeht.

Dies verhindert die erlösende Einsicht. Die jeweiligen Taten oder Werke heften sich an das Denkorgan, den inneren Sinn: manas (meine Ansicht: Nicht das Gehirn. Eher vergleichbar mit dem Verstand.).

Sie stören den Menschen bei seiner erlösenden Erkenntnis. Dadurch bedingen sie die Beschaffenheit der Verkörperungen (Mahabharata 12).

Zu der Frage, wie sich die Auswirkungen, die Früchte der Taten realisieren, gibt es im hinduistischen Weltbild mehrere Auffassungen:

A) die Seele verlässt nach dem Tod den Körper und wird in einem neuen, durch Karma bedingten Leib neu geboren.

B) Die Vergeltung findet teils im Jenseits, teils in der neuen Existenz statt.

C) Gutes Karma kann eine zeitlich begrenzte Seligkeit im „Himmel" erwirken, schlechtes Karma dagegen einen Aufenthalt in der „Hölle", jedoch nicht als endgültiger Zustand, sondern zum Beispiel im Wechsel mit der Tiergeburt.

Alle guten Werke können religiöse Verdienste (punya) schaffen, die schlechtes Karma abbauen.

Solche besonderen Verdienste erwarten sich Gläubige etwa von religiösen Riten, vom Fasten, von Wallfahrten oder von Geschenken an Brahmanen.

Ebenso hoffen sie durch eine allgemeine Mildtätigkeit (danam) und aus Tempelbauten Karmaabbau zu erfahren.

Der Mensch ist bei den guten Werken frei und für sein Karma unbedingt selbst verantwortlich.

Doch obwohl Karma ein Gesetz von „Ursache und Wirkung" bedeutet, vertrauen besonders Gläubige der Bhakti-Richtungen auch auf die bedingungslose Gnade Gottes.

Diese Gnade kann die Wirkung von Karma vernichten und den Menschen erretten.

Wichtig ist, sowohl in der hinduistischen Betrachtung als auch aus meinem eigenen Erkennen im Umgang mit Spirituellen Rückführungen: Eine vordergründig „schlechte" Tat kann eine gute Wirkung zur Folge haben, wenn die Beweggründe im Nachhinein rein und ohne Eigennutz waren.

Die geschilderten Standpunkte sind die der „Werktätigkeit" (pravritti): Man tut etwas, um eine gute Wirkung zu erzielen.
Die gegensätzliche Strömung besteht in der „Nichttätigkeit" (nivritti): Hierbei besteht der Weg darin, sich aus der Welt zurückzuziehen.

Durch Werk würde man gebunden, durch Wissen (vidya) und Nichttätigkeit (nivritti) dagegen erlöst.

Auf dem Verzicht aller auf Erfolg gerichteten Handlungen beruht demzufolge das Ideal des Gleichmuts.
Denn als Ursache des leidvollen Zustands im Leben gilt der „Lebensdurst", der Wille zum Leben und zum Überleben.
Schließlich bringt die Wiedergeburt nur eine neue, wiederum vergängliche Existenz.

Beide Strömungen, pravritti (Werktätigkeit) und nivritti (Nichttätigkeit), sind im Mahabharata vertreten und werden in der Bhagavad Gita genannt.
Dabei gibt Krishna in der Gita dem Yoga der Tat den Vorzug.

So lautet die Antwort Krishnas auf die dementsprechende Frage von Arjuna (Bhagavad Gita 3.8 – 9):

„Vollzieh das notwend'ge Werk, denn Tun ist besser als nichts tun; selbst die Verrichtungen des Leibs auf einer Tätigkeit beruhn.

Ans Dasein bindet jedes Tun, das nicht geschieht aus Opferpflicht; vollbringe darum zwar ein Werk, doch hänge an demselben nicht."

Buddhismus

Meine Ansicht:

„Die buddhistische Karmalehre unterscheidet sich an einigen Stellen gravierend von der, für mich leichter nachvollziehbaren, des Hinduismus.

Ich selbst kann dieser Form und den Inhalten der Betrachtung wenig abgewinnen, wenn ich meine Erfahrungen aus den Spirituellen Rückführungen dagegen halte."

Zu ihrem Verständnis sind die Begriffe „Nicht-Selbst" (Anatta oder Anātman) und „Bedingtes Entstehen" (Paṭiccasamuppāda oder Pratītyasamutpāda) von Bedeutung.

Gemäß der buddhistischen Lehre (Dharma) ist die Vorstellung, es gäbe ein „Ich", eine abgegrenzte Person, also ein Selbst beziehungsweise eine Seele, bereits eine grundlegende Täuschung über das Wesen der Wirklichkeit.

Was Menschen, aus dieser Sicht, als ihr Selbst oder ihre Seele bezeichnen, ist vielmehr ein ständig im Wandel begriffenes Zusammenspiel der **fünf Daseins- oder Aneignungsgruppen** (Skandhas):

1 des materiellen Körpers mit seinen
   Sinnesorganen,
2 der Empfindungen,
3 der Wahrnehmung der Welt,
4 der Geistesformationen (Interessen,
   Willensregungen, Sehnsüchte und
   Tatabsichten) und letztlich
5 des Bewusstseins.

Aus diesem ständigen Wandel ergibt sich die Gesetzmäßigkeit des „bedingten Entstehens":
Jede Handlung gestaltet demnach die Welt neu, sowohl auf der materiellen als auch auf der geistigen Ebene.

Karma bezieht sich in diesem Sinne speziell auf das Begehren sinnlicher Art. Daraus entsteht das Anhaften an den Erscheinungen der Welt und die daraus folgenden Gedanken und Taten. An der Stelle von Karma verwenden buddhistische Autoren auch die Begriffe „Prägungen" und/oder „Samen".
Jegliches Handeln und Denken bewirkt Karma und führt somit zu weiteren Verstrickungen in der Welt.

Auch in der buddhistischen Praxis ist das Ziel: Kein Karma mehr zu erzeugen und somit den Kreislauf der Wiedergeburten (Samsara) hinter sich zu lassen, dem Nirwana zuzustreben.
Nirwana wird erreicht im Loslassen von allen Anhaftungen an die Bedingungen des Samsara.
Folglich könnte die entsprechende mentale und oder spirituelle Entwicklung schon im jetzigen Leben erreicht werden (Zustand des Arhat).
Nirwana ist gleichbedeutend mit innerer Ruhe und besteht im Freisein von aller Unruhe des Geistes, allen Wünschen und Denkvoraussetzungen.

Nirwana bezeichnet damit einen spezifischen, jedoch ungewöhnlichen und im Samsara weitgehend unbekannten Geisteszustand.

Dieser Zustand wird auch beschrieben als: Bildlos (animitta) sowie richtungslos (apranihita) und sogar unterscheidungslos (ekalakshana).

Der erste Schritt dazu ist die Erkenntnis, dass die Ursache dieses Anhaftens in den **drei Geistesgiften** liegt:

> 1 Anhaftung oder Gier (Lobha)

> 2 Zorn oder Hass (Dosa) und

> 3 Unwissenheit oder Verwirrung (Moha).

Die drei Wege zu so genanntem positiven Karma sind demnach:

> > Bescheidenheit (Nicht-Anhaften)
> > Güte und
> > Einsicht.

Entscheidend für die bei einer Handlung (meine Frage: Nicht auch einer Unterlassung?) erzeugte karmische Prägung ist die der Handlung zugrunde liegende Absicht (Cetana).

Gemäß der buddhistischen Lehre ist hierbei das Denken, bereits als eine Form des Handelns den körperlichen Handlungen und der Rede übergeordnet.

Eigene Anschauung dazu: „Dies kann ich gut verstehen, jedoch konnte ich noch nie eine unmittelbare Auswirkung feststellen. Die karmische Wirkung setzt, nach meinem Kenntnisstand, immer eine Ursache voraus, die, vom Ursache-Wirkungs-Prinzips her, energetisch gleichartig manifestiert wird.

Also folgt karmisch auf eine Tat oder Handlung ebenfalls etwas Entsprechendes.

Denkenergie die im Denkvorgang verbleibt wird niemals zur physikalischen Oberfläche der Realitäten vordringen (zumindest nicht beim derzeitigen Zustand der Menschheit). Es bedarf dafür immer auch einer Emotion sowie einem Handlungsvorgang."

In der Hinsicht auf die Zeit des Eintritts der Wirkung (Vipaka) können aus der buddhistischen Sichtweise **drei unterschiedliche Arten von Karma** differenziert werden:

1 Zu Lebzeiten reifendes Karma
        (Pali: Ditthadhamma-vedaniya-kamma)

2 im nächsten Leben reifendes Karma
        (Pali: Upapajja-vedaniya-kamma)

3 in späteren Leben reifendes Karma
        (Pali: Aparapariya-vedaniya-kamma)

Manche Taten können auch ohne Karmawirkung bleiben, falls die zum Eintritt der Wirkung erforderlichen Umstände ausbleiben oder dem beabsichtigten Ziel entgegenwirkende Tendenzen ins Spiel kommen oder, wenn eine eher positive Absicht die negative Auswirkung übertrifft.

In diesem Falle spricht man im Buddhismus von einem wirkungslosen Karma (Pali: Ahosi-kamma).

In den Auswirkungen wird unterschieden zwischen:

• Wiedergeburterzeugendem Karma
        (Pali: Janaka-kamma) das bei der Wiedergeburt oder Reinkarnation und während
        des Lebensfortganges die Daseinsgruppen
        bedingt,

- unterstützendem Karma
    (Pali: Upatthambhaka) das keine Karma-
    wirkung erzeugt, sondern diese bloß in
    Gange hält,

- unterdrückendem Karma
    (Pali: Upapilaka) das die Karmawirkungen
    unterdrückt sowie

- zerstörendem Karma
    (Pali: Upaghataka) das andere Karmawirkun-
    gen übertrifft und nur selbst zur Wirkung
    kommt.

Ein so genanntes „absichtsloses Handeln", das irgendwie ohne Planung erfolgt, sammelt, aus buddhistischer Anschauung, umso weniger Karma-Wirkungen an, je weniger Hintergedanken einer Handlung zu Grunde liegen.

Ohne Absicht erzeugtes Leid bleibt dennoch nicht ganz ohne karmische Folgen, weil hier das Geistesgift der Unwissenheit oder Gleichgültigkeit zugrunde liegt.

„Wer andre Wesen quält, die auch nach Wohlsein streben, so wie er selbst, der hat kein Glück im nächsten Leben.

Wer andre Wesen schont, die auch nach Wohlsein streben, so wie er selbst, der findet Glück im nächsten Leben."

Dhammapada, 3. Jahrhundert v. Chr.

„Nicht findet man der Taten „Täter", kein „Wesen", das die Wirkung trifft.

17

Nur leere Dinge ziehn vorüber: Wer so erkennt, hat rechten Blick.

Und während so die Tat und Wirkung im Gange sind, wurzelbedingt, kann, wie beim Samen und beim Baume, man keinen Anfang je erspähn."

(Vis. XIX) Culakammavibhanga Sutta.

Jainismus

Die Karmalehre des Jainismus weist im Vergleich mit anderen Religionen indischen Ursprungs eine Besonderheit auf: Das Karma wird hier nicht nur als eine auf Handlungen basierende Gesetzmäßigkeit von Ursache und Wirkung verstanden, sondern zudem als etwas Substanzielles aufgefasst.

Die Jains sprechen in diesem Zusammenhang von den feinstofflichen, physisch nicht wahrnehmbaren „Karma-Partikeln" (karma vargana), von „karmischer Materie" (karma pudgala).

Sie unterscheiden zwischen insgesamt 148 Arten, die zwei Hauptkategorien zugeordnet werden.

Diese umfassende Typologie wird besonders ausführlich in der zentralen Lehre, den „Neun Wirklichkeiten" (nava tattvani) beschrieben.

Dies ist ein Leitfaden, dessen Zweck darin liegt, dem Schüler ein theoretisches Verständnis zu vermitteln.

Denn das ist die notwendige Voraussetzung für das erfolgreiche Beschreiten des jainistischen Praxisweges.

In aufeinander folgenden Schritten wird der Praktizierende darüber aufgeklärt, wie der zur Bindung führende Karma-Einfluss zustande kommt.

Außerdem erfährt er, welche Mittel ihm zur Verfügung stehen, diesen Karma-Einfluss aufzuhalten sowie das vorhandene Karma abzubauen.

Das Ziel besteht darin: Dadurch die endgültige Befreiung vom Kreislauf der Wiedergeburten (moksha) zu erlangen.

Die „Neun Wirklichkeiten" stellen die **zwei fundamentalen Substanzen** (dravya) dar, aus denen im jainistischen Denken der gesamte Kosmos besteht:

1 Bewusstes (jiva), das sich aus einer unendlichen Anzahl individueller Seelen zusammensetzt, und

2 Nicht-Bewusstes (ajiva), das in fünf Kategorien aufgefächert wird:

1) Materie (pudgala), zu der auch das Karma zählt
2) Raum (akasha)
3) Bewegungsmedium (dharmastikaya)
4) Ruhemedium (adharmastikaya)
5) Zeit (kala).

Ein zwischen der karmischen, nichtphysischen Materie und dem Bewusstsein der Seelen herrschendes Spannungsverhältnis hält gemäß dieser Darstellung den Kreislauf der Wiedergeburten (samsara) in Gang.
Unzählige Karmapartikel, die seit ewigen Zeiten das Universum durchdringen, werden von den Seelen durch ihre Handlungen angezogen, die sie aus ihrer Unwissenheit heraus begehen.

Das Karma sammelt sich infolgedessen im Kausalkörper jeder einzelnen Seele an – einer feinstofflichen Hülle, die sie umschließt und in zwei weitere Hüllen mit graduell zunehmendem Dichtegrad eingebunden ist.

Der Begriff der „Unwissenheit" (mithyatva) bezieht sich in diesem Kontext darauf, dass die einzelne Seele durch die Verstrickung in Samsara, der sie von jeher unterworfen ist, ihre wahre Identität vergessen hat.

Die aus der Karma-Bindung resultierende Identifikation mit dem Nicht-Bewussten, insbesondere mit dem Körper und dessen Funktionen, verschleiert die ihr innewohnenden Eigenschaften:

a) Unbegrenzte Wahrnehmung (anant darshan)
b) Allwissenheit (ananta jnana)
c) Unendliche Energie (ananta virya)
d) Ewige Glückseligkeit (ananta sukha).

Werden diese Attribute freigesetzt, führt dies graduell zu einem Erlöschen der Unwissenheit und letztlich zu einer Loslösung von den Fesseln des Karma.

Um die zwei möglichen Erscheinungsweisen der Seele voneinander abzuheben, unterscheidet der Jainismus zwischen den Merkmalen „gebunden" (samsari) und „befreit" (mukta).

In ihrem gebundenen Zustand sind die Seelen zur ständigen Wiederkehr in die **vier Daseinsbereiche** (gatis) gezwungen, in:

1 das Reich der Menschen (manushya)

2 das Reich der Pflanzen und Tiere (tiryancha)

3 den himmlischen Aufenthaltsort der Götter (devaloka)

4 die sieben Höllen (naraki).

Selbst Berge, Felsen, Hügel, Flüsse, Wiesen, Gräser, Windböen und Stürme sind von unzähligen Seelen bevölkert.
Nach jainistischer Auffassung können Seelen ihr Durchwandern des Samsara jedoch ausschließlich in menschlicher Gestalt beenden.
Denn der Mensch bringt als einziges Wesen die Voraussetzungen für die vollständige Erlösung mit.

Die befreiten Seelen, die sich allen Karmas entledigt haben, werden „Siddhas" genannt.
Sie haben ihre ursprünglichen, natürlichen Eigenschaften vollständig, restlos zurückgewonnen und verweilen in ewiger, vollkommener Harmonie in „Siddhashila", dem höchsten Bereich des Kosmos, der jenseits des Samsara liegt und von der Wirkkraft des Karma unberührt ist. Die Seelen bestehen in dieser formlosen Existenz aus reiner Bewusstheit, und sind frei von jeglicher Gedankenaktivität, Empfindung, Körperlichkeit oder von Willensimpulsen.

Für den praktizierenden Jain gilt es, die Substanzen, aus denen sich das Weltgeschehen zusammensetzt, voneinander unterscheiden zu lernen, um eine Abkehr von allem Nicht-Bewussten einzuleiten und sich dem gereinigten, natürlichen Zustand anzunähern.
Dieser bedeutet in der letzten Konsequenz: Völlige Unabhängigkeit (kaivalya) von allem Materiellen.
Dazu ist es erforderlich, die Ursachen für die Karmabindung zu erkennen, um sie künftig vermeiden zu können.

Neben der Unwissenheit zählen zu diesen Ursachen:

a) fehlende Selbstkontrolle (avirati)
b) Unachtsamkeit (pramada)
c) Leidenschaften (kasaya) wie Gier, Zorn und Hochmut, sowie
d) die Tätigkeiten von Körper, Rede und Geist (yoga).

Auch die diversen Karma-Arten gilt es zu unterscheiden, um ihnen gezielt entgegenzuwirken.

Die zwei Hauptgruppen sind:

• **Schädliches Karma** (ghati karma), dazu zählen:

A) Jnana-varaniya karma, das die Allwissenheit der Seele trübt

B) Darshana-varaniya karma, das die unbegrenzte Wahrnehmung der Seele verdunkelt

C) Mohniya karma, das die Fähigkeit zu rechter Wahrnehmung und rechtem Verhalten vermindert und dazu führt, dass sich die Seele mit anderen Substanzen identifiziert, sowie

D) Antaraya karma, das die unendliche Energie der Seele schwächt und zudem das Vollbringen guter Taten verhindert.

• **Unschädliches Karma** (ahgati karma), dazu zählen:

A) Vedniya karma, das Freude und Leid erzeugt und dadurch die ewige Glückseligkeit der Seele verdunkelt

B) Nama karma, das Körperlichkeit erzeugt und dadurch die formlose Existenz der Seele verschleiert

C) Gotra karma, das den Gleichmut der Seele trübt und Kastenzugehörigkeit, Familie, soziale Stellung und Persönlichkeit bestimmt,

D) Ayu karma, das die Lebenszeit bestimmt und und damit die Unsterblichkeit der Seele verschleiert.

Nur das schädliche Karma, das sich ausschließlich auf die Seele auswirkt, kann zu Lebzeiten abgebaut werden.

Gelingt dies, erreicht der Praktizierende „Kevala jnana" (Allwissenheit).
Er wird in diesem Zustand „Kevali" (Allwissender), „Arihanta" (Heiliger) oder „Jaina" (Sieger) genannt.

Das unschädliche Karma hält die Funktionen des Körpers aufrecht und wird daher bis zum physischen Tod weiterhin benötigt.

Erst im Sterbeprozess des „Kevali" wird es vollständig abgeworfen.
Dies ist die Phase, in der sich die Seele komplett von der Wiederverkörperung loslöst und zum „Siddha" wird.

Wenn die karmische Materie von der noch unerlösten Seele angezogen wurde, dauert es einen gewissen Zeitraum, bis die Handlung, die für diesen Vorgang verantwortlich war, eine Wirkung hervorbringt.

Solange bleiben die Karmapartikel an der Seele haften.

Sie fallen erst dann wieder von ihr ab, wenn die Handlung zur Reife gelangt und damit eine ihr entsprechende Wirkung bringt.

Das kann nach kurzer Zeit geschehen, oder erst weit in der Zukunft, gegebenenfalls in einer späteren Wiedergeburt.

Der Prozess des Austausches, bei dem ständig frische Partikel einströmen und zur Reife gelangte Partikel wieder abfallen, vollzieht sich an der unerlösten Seele in einem permanenten Wechsel.

Somit wird sie weiter in die weltlichen Angelegenheiten verwickelt.

Wie lange die karmische Materie an der betroffenen Seele anhaftet und wie viele Karmapartikel in ihren Kausalkörper einströmen, hängt von der Absicht ab, die hinter der jeweiligen Handlung steht.

Je zorniger oder je gieriger die Motivation, umso mehr Karma zieht die Seele auf sich.

Entwickelt die Seele hingegen Gleichmut (madhyastha) und Mitgefühl (karuna) hinsichtlich ihrer Handlungen, werden entsprechend weniger Partikel von ihr angezogen.

Ziel ist es also zunächst: Durch Reinigung der Handlungen den Einfluss neuen Karmas zu stoppen.

Zu diesem Zweck sieht der Jainismus die Einhaltung von diversen ethischen Verhaltensregeln und das Üben meditativer Praktiken vor.

Dazu gehören:

- Die „**Fünf Achtsamkeiten**" (samiti), die dem Schüler vorgeben,

01) beim Gehen,
02) beim Sprechen,
03) beim Almosensammeln,
04) im Umgang mit jedwedem Objekt und
05) bei der Entsorgung von Abfällen
achtsam zu sein, um keinem Wesen zu schaden.

- Die „**Drei Einschränkungen**" (gupti), die mit
  der Kontrolle von
    01) Körper,
    02) Rede und
    03) Geist einhergehen.

- Die „**Zehn Tugenden**" (yati dharma):
    01) Nachsicht,
    02) Bescheidenheit,
    03) Aufrichtigkeit,
    04) Genügsamkeit,
    05) Wahrhaftigkeit,
    06) Selbstkontrolle,
    07) Askese,
    08) Entsagung,
    09) Gleichmut und
    10) Enthaltsamkeit.

- Die „**Zwölf Betrachtungen**" (bhavna):
    01) Unbeständigkeit,
    02) Schutzlosigkeit,
    03) Wiedergeburt,
    04) die Einsamkeit der Seele,
    05) Getrenntheit von Bewusstem und
        Nicht-Bewusstem,
    06) die Unreinheit des Körpers,
    07) Karmaeinfluss,
    08) Aufhalten des Karmaeinflusses,
    09) Karmaabbau,

10) Vergänglichkeit der Welt,
11) Schwierigkeit im Verwirklichen der Drei
Juwelen (die Seltenheit der Erleuchtung),
12) Schwierigkeit im Auffinden der richtigen
Lehre.

Wurde der Einfluss neuen Karmas zum Stillstand gebracht, muss zudem das bereits angesammelte Karma beseitigt werden. Dies wird durch die Einhaltung strenger Askese (tapas) bewerkstelligt.

Es gibt im Jainismus **zwei Arten von Askese**:

1) Die äußerliche Askese (bahya tapas) diszipliniert den Körper gegen das Aufkommen von Begierden. Zu den entsprechenden Praktiken gehören:

a) regelmäßiges Fasten,

b) völlige Abstinenz von Essen und Trinken für einen vorgeschriebenen Zeitraum (anashana),

c) weniger zu essen als das Hungergefühl vorgibt (unodari),

d) Einschränkung der Nahrungsaufnahme und des Gebrauchs von materiellen Dingen (vrtti-parisankhyana),

e) völlige Abstinenz von Butter, Milch, Tee, Süßspeisen, Gebratenem, scharfer Nahrung und Säften (rasa-parityaga),

f) gewolltes Aushalten von körperlichen Schmerzen, z. B. barfüßiges Umherwandern in extremer Hitze oder Kälte, oder das Ausreißen von Haaren mit der bloßen Hand (kaya-klesha),

g) Sitzen an einem einsamen Ort in ruhiger Körperhaltung, die Sinne nach innen gewandt (sanlinata).

2) Die innerliche Askese (abhyantara tapas) reinigt die Seele. Dazu gehören:

a) das Bereuen schlechter Taten (prayashchitta),

b) Demut gegenüber Mönchen, Nonnen, Lehrern und älteren Menschen (vinaya),

c) selbstloser Dienst an Mönchen, Nonnen, älteren Menschen und Leidenden (vaiyavrata),

d) Studieren der Schriften und aufmerksames Zuhören bei Vorträgen (svadhyaya), Meditation (dhyana),

e) Zurücknehmen der Aktivitäten von Körper, Rede, Geist (kayotsarga).

Wurden durch kontinuierliche Praxis die vier schädlichen Karmaarten beseitigt, tritt der Praktizierende in das Stadium der Allwissenheit (kevala jnana) ein. Wenn dann zum Zeitpunkt des Todes auch die vier unschädlichen Karmaarten von der Seele abfallen, so erreicht sie „Moksha" („Nirvana"), die endgültige Befreiung von erneuter Wiedergeburt.

Die Seele steigt auf in den obersten Bereich am Scheitelpunkt des Kosmos, um dort für immer in ruhiger Seligkeit zu verharren.

Hat sie dies einmal erreicht, kehrt sie nie wieder in den Kreislauf des Samsara zurück.

Taoismus

Meine Ansicht:

„In der Richtung zu spiritueller Erleuchtung oder persönlichem Glück voran zu gelangen, ist es äußerst schwierig, ohne dabei Karma zu sammeln.

Wenn jemand dieses Ziel hat, so muss er sein Wissen über Karma zu hohen Ebenen voranbringen. Anderenfalls wird seine Lebensbetrachtung ihn ständig einholen und das Ziel vereiteln.

Karma im Taoismus ist anders als bei Buddhismus, Hinduismus und Jainismus. Hiermit kann ich mich sehr viel leichter identifizieren.

Um das taoistische Karma zu begreifen, muss man zuerst realisieren, dass man weder Buddhismus noch Hinduismus noch Jainismus studiert. Denn deren Konzepte gelten hier nicht.

Die wahre Natur des Karma ist für menschliche Begriffsstrukturen schwer zu begreifen.

Menschen sehnen sich nach Recht und Unrecht und nach Gerechtigkeit.

Dieses Verlangen führt zu dem Wunsch nach einem geistigen Kosmos und einem physikalischen Universum, das Göttliches Gesetz zur Verfügung stellt, das diese Dinge geradezu beauftragt.

Das Karma für Buddhismus, Hinduismus und Jainismus ist ein Ausdruck dieses Wunsches.

Für Menschen in ihren Gesellschaftsformen ist es sicher vorteilhaft so etwas wie Recht und Gerechtigkeit zu haben und sich in den vorgegebenen Normen richtig zu halten.

Menschen funktionieren besser in einer guten Welt und in der Gegenwart von Gutem als in der Gegenwart des Bösen oder Schlechten.

Tao gibt dies nicht vor, verbreitet keine Regeln. Denn Tao beinhaltet alles, was gut und böse ist, Schöpfung und Zerstörung, Geburt und Tod, Schönheit und Hässlichkeit.

Aus diesem Grund begnügt es sich nicht damit, besonders gut oder schlecht zu sein.

Es liegt an den Menschen, als Teil der sozialen und kriegerischen Sphäre, ihren freien Willen zu nutzen und eine wünschenswerte Welt zu schaffen.

Tao wird es nicht für Dich tun. Es würde den freien Willen verletzen.

Um das Karma, im Sinne des Taoismus, zu verstehen, muss man verstehen, dass das Universum auf der Basis von Wahl und freiem Willen geschaffen wurde.

Es ist auch in der eigentlichen Konstruktion des physikalischen Universum angelegt.

Das grundlegende Göttliche Gesetz der Wahl und des freien Willens ist das, was vom Tao beauftragt wird und aus dem Tao kommt.

Karma ist die Energie der Wahl. Wir entscheiden wofür sie sich einsetzen lässt.

Es ist somit der wirkungsvolle Treibstoff, der dieses in Polarität befindliche, durch nichts ausschließlich einseitig festgeschriebene, physikalische Universum, in Bewegung hält."

Wenn Karma nicht nach Gut und Böse belohnt wird, welche Regeln regeln es?

Um diese Frage zu beantworten, müssen wir das 3 Pole Karmic Modell verstehen.

Demzufolge gibt es **drei Pole des Karma**, darstellbar durch drei Pfosten:

1) ein positiver Pol,

2) ein neutraler Pol und

3) ein negativer Pol.

Anfangs wollen die Menschen gewöhnlich positiv als gut bezeichnen; neutral als neutral; und negativ als böse. Diese Betrachtung ist falsch, weil sie die Sphären jongliert und zu Problemen führt.

Karma wird angesammelt, indem jemand Entscheidungen trifft, die in einen vorgestellten Pfosten passen.

Wenn jemand ein positives Karma ansammeln will, dann macht er positive Dinge. Diese positiven Dinge addieren sich zusammen, um ein positives Karma zu bilden. Er klettert allmählich den positiven Pol hinauf. Je höher er steigt, desto mehr Kraft wird er haben.

Dies ist die mathematische Karma-Akkumulation.

Wenn jemand versucht, positives Karma zu akkumulieren, um dennoch daraus eine negative Wahl zu treffen, subtrahiert er dieses Negativ von seinem sonst positiven Karma und verlieren so Macht.

Wenn seine Wahl genügend negativ ist, könnte er am Ende all sein Karma verlieren oder sogar auf den Minuspol, den Negativ-Pfosten, verlagern.

Es ist gleichermaßen möglich, negatives Karma zu akkumulieren und dadurch ebenfalls eine ungeheure Macht zu erwerben.

Wenn aber nun eine böse Person etwas positives macht, verliert diese Person ebenfalls Karma.

Über die meisten seiner Sekten begünstigt der Taoismus die Akkumulation von positivem oder neutralem Karma.

Historisch gesehen sind Adepten*, die zu sehr ein großes böses Karma verfolgt haben, von den Meistern und Adepten anderer Schulen getötet worden.

Es sollte einfach vermieden werden, dass sie eine Welt schaffen, die letztlich für das menschliche Überleben schädlich wäre.

Das Karma ist im Taoismus überaus wichtig, denn es gibt der Fähigkeit Raum, bei der Wahl der Möglichkeiten erfolgreich zu sein.

Zum größten Teil, wenn wir ohnmächtig sind und unfähig zu wählen, werden wir nicht in der Lage sein, unseren Zustand zu verbessern und uns selbst im lebendigen Dasein zu bewältigen. Dieser Mangel garantiert Unglück.

Karma macht Aufklärung viel wahrscheinlicher, ist aber keine Voraussetzung, um Erleuchtung zu erreichen.

Karma, im Sinne des Taoismus, ist auch nicht Teil des Belohnungssystems, das letztlich zur Erleuchtung führen soll.

* Ein Adept ist jemand, der von einem Meister in eine Kunst oder Wissenschaft tiefer eingeführt worden ist, dessen Lehren studiert hat und sich als Kenner von dessen Philosophie und Erkenntnissen ausweisen kann.

Theosophie

Der Begriff Theosophie ist entlehnt von der griechischen *Theosophie*, die *theos* "Gott" und *sophia* "Weisheit" bedeutet, somit "göttliche Weisheit" verbindet.

Wikipedia dazu: Theosophie ist eine Sammlung von mystischen und okkulten Philosophien mit dem Ziel eine unmittelbare Kenntnis von den mutmaßlichen Geheimnissen des Lebens und der Natur, insbesondere der Natur der Gottheit, und dem Ursprung und Zweck des Universum zu erlangen.

Die Theosophie gilt als Teil westlicher Esoterik, die annimmt, dass verborgenes Wissen oder Weisheit aus der alten Vergangenheit einen Weg zur Erleuchtung und Erlösung bietet.

Ab dem Ende des 19. Jahrhunderts wurde der Begriff Theosophie allgemein verwendet.

Damit bezog man sich speziell auf die religiös-philosophischen Lehrinhalte der Theosophischen Gesellschaft, die 1875 von Helena Blavatsky, William Quan Judge und Henry Steel Olcot in New York City gegründet wurde.

Blavatskys Hauptarbeit, ihr Buch „The Secret Doctrine" (1888), war eine der Grundlagen der modernen Theosophie.

Ab 2015 waren Mitglieder von Organisationen, die von der Theosophischen Gesellschaft abstammen oder damit zusammenhängen, in mehr als 52 Ländern auf der ganzen Welt aktiv.

Die moderne Theosophie hat auch die Entwicklung anderer mystischer sowie philosophischer und religiöser Bewegungen hervorgerufen oder beeinflusst.

Quelle: https://anthrowiki.at/Theosophie

Der Mensch ist in der theosophischen Betrachtung eine auf unterschiedliche Art und Weise zusammengesetzte Wesenheit:

Das physische Vehikel: Das physische Körpersystem, durch den sich die menschliche Seele in der physischen Welt bewegt, diese wahrnimmt und an ihr teilnimmt.

Aber der wirkliche Mensch ist nicht der physische Körper.

Der Astralkörper: Er ist der Modellkörper für den physischen Körper. Somit liefert er sein Muster, eine Matrix, nach dem der physische Körper aufgebaut wird. Phänomene wie „Phantomschmerz" lassen sich durch den Astralkörper erklären.

Prana - Lebenskraft: Jede Wesenheit kommt mit einem bestimmten Vorrat an Lebenskraft zur Welt. Und wie sich eine Batterie entleert, wird diese im Laufe des Lebens aufgebraucht.

Kama - Wünsche: Das Sanskritwort „Kama" bedeutet „Wunsch". Es ist zusammen mit dem Willen die vorwärts treibende Kraft in der menschlichen Konstitution.

Von Natur aus ist Kama zunächst farblos und weder gut noch schlecht, außer in dem Maße, wie es durch den menschlichen Willen in dem täglichen Leben benutzt wird.

Für Kama wird im Kontext mit Wille oft das Symbol von Pferd und Reiter verwendet. Dies geschieht in dem Sinne, dass der Reiter als Symbol für den Willen gilt, der das Pferd, die wildgewordenen Wünsche, regulieren muss und die Richtung vorgibt.

Manas - Denken: Das Denken ist die Stufe, die für Menschen als Denker die wichtigste ist, da er im Manas seine hauptsächliche Evolution hat. Was bliebe von einem Menschen ohne seine mentale Tätigkeit noch übrig?

Manas ist der Sitz der menschlichen Seele. Es ist in sich dual, entweder mehr von niederen Wünschen oder von höheren Wünschen beeinflusst.

Buddhi - Unterscheidungskraft: Die Unterscheidungskraft ist im Menschen noch unvollkommen entwickelt.

Buddhi schlägt sich als Intuition in der menschlichen Seele nieder und inspiriert den Menschen zu mehr altruistischen Taten.

Über Buddhi ist die menschliche Seele mit der inneren Göttlichkeit, den inneren geistigen Kern verbunden.

Atman: In Verbindung mit Buddhi finden wir darin die innere Göttlichkeit des Menschen.

Reinkarnation oder die Lehre der Wiedergeburt der menschlichen Seele:

Die zyklische Wiedergeburt der Seele um vergangenes Karma (in vergangenen Leben gelegte Ursachen) abzuarbeiten und um sich evolutionsmäßig weiter zu entwickeln.

Durch das Gesetz von Karma wird jede Wesenheit, jedes Individuum, immer wieder dorthin zurückkehren, wo ihre in einem früheren Leben gelegten karmischen Saaten zur Entfaltung gelangen können. Sie wird unweigerlich mit ihren eigenen karmischen Impulsen wieder konfrontiert.

Karma in Verbindung mit der Reinkarnation ist somit die Lehre von der unbedingten Gerechtigkeit.

Karma ist die Lehre von "Ursache und Wirkung" und die Zwillingslehre zur "Reinkarnation".

Jede Handlung ruft eine ihr entsprechende Wirkung hervor.

Diese kommt auf ihren Ausgangspunkt, der verursachenden Person zurück.

In der Regel wird dies als "negativ" oder "positiv" erfahren, ist aber letztlich nur die in der ursprünglichen Handlung liegende Charakteristik, die vom Menschen entsprechend empfunden wird.

Da alles in der Natur miteinander verbunden und gegenseitig ineinander greift, werden auch andere Personen und Wesen von den Taten eines Einzelnen beeinflusst. Dies ruft dem enstprechende Rückwirkungen hervor.

Wenn Disteln gesät werden, können nicht Rosen geerntet werden. Somit liegt im Gesetz von Karma eine tiefgehende Ethik.
Karma ist kein Fatalismus, da der Mensch immer einen freien Willen besitzt.

Rudolf Steiner, Leiter des deutschen Zweiges der Theosophischen Gesellschaft, am Anfang des 20. Jahrhunderts, stimmte mit der internationalen Führung der Gesellschaft und mit mehreren Lehrinhalten, wie etwa dem so genannten *World Teacher Project*, nicht überein.

Steiner verließ die Theosophische Gesellschaft im Jahre 1913, um seine eigene von der Theosophie beeinflusste Philosophie zu fördern die er Anthroposophie nannte.
Er ersetzte seine Gruppenaktivitäten durch eine neue Organisation, die Anthroposophe Gesellschaft.

Die große Mehrheit der deutschsprachigen Mitglieder der Theosophischen Gesellschaft trat der neu gebildeten Anthroposophischen Gesellschaft bei.

Anthroposophie

Wikipedia: Als Anthroposophie (von altgriechisch *ánthrōpos* „Mensch" und *sophía* „Weisheit") werden eine von Rudolf Steiner (1861–1925) begründete, weltweit vertretene spirituelle und esoterische Weltanschauung sowie der zugehörige Ausbildungs- und Erkenntnisweg bezeichnet.

Die Anthroposophie versucht die Elemente des deutschen Idealismus, der Weltanschauung Goethes, der Gnosis, christlicher Mystik, fernöstlicher Lehren sowie der naturwissenschaftlichen Erkenntnisse zu Steiners Zeit miteinander zu verbinden.

Weiterhin Wikipedia, Reinkarnation: Das Ich, der unvergängliche „Wesenskern" des Menschen, unterliegt nach Steiner der Reinkarnation, die als „Instrument zur Vollendung des Menschen" dienen soll.

Mit dem Tod hört seiner Darstellung zufolge das Bewusstsein nicht auf, sondern es folgt eine Rückschau auf das vergangene Leben und danach eine dem Fegefeuer vergleichbare Reinigung („Kamaloka"), wobei sich erst der Ätherleib und dann der Astralleib „auflösen".

Auch die alte (neuplatonische) Vorstellung des Aufstiegs der Seele durch die Planetensphären griff Steiner in diesem Zusammenhang auf.

Nach einer zeitweiligen, rein geistigen Existenz fasst demzufolge das Ich den Entschluss zu einer neuen Inkarnation.

Beim Herabstieg durch die Sphären gliedert sich ihm erst ein neuer Astralleib und dann ein neuer Ätherleib an, je nach den Taten und Erlebnissen während der vorangegangenen Inkarnationen oder „Erdenleben".

Hier tritt die Idee des Karma auf, jedoch so gewendet, dass das Ich selbst anstrebt, was sich ihm als Konsequenz des in früheren Inkarnationen Getanen und Erlebten ergibt.

Schließlich wählt die herabsteigende Seele ihre künftigen leiblichen Eltern aus und wirkt schon über Generationen im Voraus auf deren Erbanlagen ein.
Zwischen zwei Inkarnationen vergehen dabei gewöhnlich Jahrhunderte.
Im Allgemeinen ist bei der anthroposophischen Betrachtung ein Wechsel des Geschlechts damit verbunden. Auch die ethnische Zugehörigkeit wechselt von Inkarnation zu Inkarnation, so dass im Laufe vieler Verkörperungen alle Aspekte des Menschseins durchlebt werden können.

Steiners Reinkarnationslehre weist Übereinstimmungen mit entsprechenden theosophischen und platonischen Vorstellungen auf.
Sie zeichnet sich jedoch durch ein besonders hohes Maß an Systematisierung und durch den Versuch aus, Reinkarnation und Karma in einen christlichen Kontext zu integrieren.
Trotz ihrer Komplexität und auch mancher darin enthaltenen Widersprüche avancierte die Lehre laut dem Historiker Helmut Zander „zum vermutlich wirkungsmächtigsten Reinkarnationsmodell im deutschen Sprachraum".

Von vergleichbaren hinduistischen und buddhistischen Lehren unterscheidet sie sich nach Willmann wie folgt:

> Sie betrachtet das irdische Leben als Möglichkeit, sich zu immer höheren Bewusstseins-Stufen zu entwickeln.

> Sie bejaht die Kontinuität des Ich-Bewusstseins und versucht diese – innerhalb einer Inkarnation, aber auch von Inkarnation zu Inkarnation zu bewahren statt zu überwinden.

Quelle: https://www.anthroposophie.net/lexikon/db.php?id=153

Der Inhalt des Karma-Gesetzes besagt nach Steiner: „Alles, was ich in meinem gegenwärtigen Leben kann und tue, steht nicht abgesondert für sich da, als eine Art Wunder, sondern hängt als Wirkung mit den früheren Daseinsformen meiner Seele zusammen, und als Ursache mit die späteren."

"Wir wissen, dass Karma zunächst bedeutet: Die geistige Verursachung eines späteren Ereignisses, einer späteren Eigenschaft oder Fähigkeit des Menschen durch ein Vorhergehendes.
Gleichgültig, ob diese geistige Verursachung auftritt in einem Leben zwischen Geburt und Tod, oder ob sie sich als das große Schicksalsgesetz der Menschheit durch die verschiedenen Erdenleben hindurchzieht, so dass die Ursachen für etwas in einem Leben Geschehendes in einem vorhergehenden oder einem weit zurückliegenden Leben liegen - dieses Gesetz, dieses umfassende Schicksalsgesetz, ist das, was wir Karma nennen ... ."

Das einzelne Leben zeigt in den verschiedensten Arten die Wirkungen des Karma; nur geht die menschliche Lebensbetrachtung gewöhnlich nicht sehr weit.
Die Menschen überschauen gewöhnlich sich selber oder ihren Mitmenschen mit Aufmerksamkeit nur eine kurze Zeit des Lebens, weil ihr Blick nicht durch das geistige Auge geschärft ist.

Eigene Erfahrungen

Ich kann keineswegs zu hundert Prozent, bestenfalls zu einem wesentlich geringeren Prozentsatz mit all den Darstellungen und Überlegungen zum Thema „Karma" übereinstimmen.

Die speziell in Indien aufgestellten Dogmen entsprechen überhaupt nicht meinen eigenen Beobachtungen.

Lediglich im chinesischen Taoismus kann ich etliche Ansätze entdecken, die mit meinen Erfahrungen übereinstimmen.

Auch das Gesetz von „Ursache und Wirkung" erfährt vielfach zu starke Festlegungen und wird zudem ganz schlimm verdreht.

So kann ich immerhin teilweise die Ansichten der Christen und der Islamisten verstehen, wenn sie gegen die Überlegungen zum „Karma" angehen.

Allerdings finde ich deren Argumente manchmal ziemlich haarsträubend. Vor allem, wenn sie im gleichen Atemzug Reinkarnation und Wiedergeburt in einen Topf werfen und dann kräftig umrühren.

Denn zuerst kann Karma nun auch im ablaufenden Leben geklärt werden und sodann beinhalten die unmittelbar weiteren Leben keine zwangsläufige Karmawirkung.

Besonders die vehementen Leugner von Karma sind mir suspekt.

Schließlich erkennen wir im Karma tatsächlich eine nachvollziehbare, ausführende Naturkraft, die eindeutig auf dem Gesetz von Ursache und Wirkung beruht. Lediglich dessen als unumstößlich und absolut dargestellte Wirkungsweise finde ich überzogen.

Denn auf das menschliche Konstrukt aus Körper, Verstand und Seele bezogen, darf niemals eine dogmatische Anschauung als Maßstab angelegt werden.

Immerhin handelt der Mensch aus seinem freien Willen heraus und kann so, in seiner kreativ schöpferischen Art und Weise, aus jedem karmischen System aussteigen, sich gewissermaßen darüber erheben.

Meine Erfahrungen aus vielen Spirituellen Rückführungen lassen mich etliche, teils sehr unterschiedliche Varianten wahrnehmen. Hier öffnet sich abermals die Welt der tausend Möglichkeiten.

So ist es keineswegs erforderlich, dass Menschen in Pflanzen- oder Tierkörpern wiedergeboren werden müssen, obwohl bestimmte karmische Konstellationen dies so vorzugeben scheinen.

Auch muss ein mit voller Absicht ausgeführter Mord an einem Mitmenschen nicht zur eigenen Ermordung führen. Wobei keineswegs ausgeschlossen ist, dass sich bei entsprechender Gelegenheit der Ermordete revanchiert.

Dies kann schon bald oder erst viele, viele Leben später sein.

Es muss auch nicht unbedingt wieder ein offensichtliches Tötungsdelikt folgen.

Frauen können, ebenso wie Männer, ihren karmischen Partnern das Leben auch anderweitig zum „Himmel" oder zur „Hölle" machen.

Oft und oft gelingt es den Wesenheiten aber nicht, sich aus der Opferrolle zu befreien. Ständig werden sie der Unterdrückung durch andere ausgesetzt. Sie wehren sich einfach nicht, aus welchen vorgeschobenen Gründen auch immer.

Vielfach werden sogar bei vollem Bewusstsein religiös anmutende Betrachtungsweisen geäußert und suggestiv vermittelt, weswegen Leute es zulassen, dass ihnen der Garaus gemacht wird.

Jedenfalls ist es eindeutig wahr: Auch diese Art von „sich klein machen" ist etwas, das die Person selbst, ganz ursächlich, genau so gestaltet, indem sie es tut oder zulässt.

Somit ist „Ursache und Wirkung" keineswegs nur ein karmisch vorgegebenes Gesetz, sondern eher das schöpferische Setzen einer Tat oder eben einer Unterlassung, das schließlich eine Wirkung hervorbringt.

Dies gilt allerdings nur, wenn sich der Mensch aus dem Wirrwar von Schicksal, Zufall oder Kismet befreien konnte.

Ansonsten bleibt er ein Gefangener der Gesetzmäßigkeiten, in die er sich über halbe Ewigkeiten verstrickt hat.

Per Spiritueller Rückführungen gelingt es tatsächlich karmisch festgefahrene Situationen zu knakken.

Indem ich den Rat- und Hilfesuchenden an das Ereignis in der Vergangenheit heranführe, das sich als ursächlich oder ursprünglich zeigt, und wir die Situation darin bereinigen, löst sich eine ganze Kette von karmischen Verknüpfungen automatisch auf.

Das Gesetz, das ein Karma hervorruft, erhält auf diese Art und Weise ganz besondere, in keinem irdischen Konzept vorgesehene Auswege.

Hier finden wir durch Spirituelle Rückführungen Zusammenhänge, die sich als praktisch anwendbar herausstellen.

Diese Maßnahmen sind gewissermaßen durchsetzt mit Durchführungsverordnungen zu den verschiedenen Gesetzestexten für den kosmischen Spielverlauf.

Eines habe ich im Laufe der Zeit gelernt: Egal welches karmische Konzept wir auch vorfinden, nichts davon sollte als unabänderlich oder als dogmatisch festgeschrieben betrachtet werden.

Selbstverständlich stimmen viele Leute mit jeweils einem speziellen Konzept überein. Für diesen Personenkreis kann ich mir sogar vorstellen, dass sich Teile davon über die Leben hinweg realisieren.

Die Vorstellungskraft von Wesenheiten ist nämlich enorm und kann durchaus Realitäten erschaffen, wenn erst einmal auch viele andere in Übereinstimmung mit einem Konzept gegangen sind. Diese Folgen von Übereinstimmungen haben uns schon ziemlich lang das Leben schwer gemacht. Schwerer als es eigentlich sein müsste.

Auch Himmel und Hölle, mit dem vorgeschalteten Fegefeuer, sind solche Arten und Weisen von Betrachtungen. Wir können selbstverständlich auch den Hades oder Walhall oder die Ewigen Jagdgründe hier mit einbeziehen.

Wer sich ganz intensiv mit diesen Vorstellungen verbindet, wird sie sicherlich nach seinem Ableben vorfinden.

Ich habe wahrhaftig Leute durch das Himmelstor in eine andere Welt begleitet, damit diese sich in aller Ruhe auf ihre Wiedergeburt einschwingen konnten.

Jedoch haben sich nach etlichen Spirituellen Rückführungen die Anschauungen relativiert.

Die Vorstellung einer Himmelswelt wird dann als phantastischer Wunsch erkannt.

Das soll nun aber nicht heißen, dass ihre Wirklichkeit nur ausgedacht wurde.

Nein, im individuellen Kosmos der Person hat sie dennoch ihren festen Platz und wird ihn so lange behalten, bis der Mensch sich bewusst davon trennt.

Der Begriff Phantasie darf auch unter keinen Umständen abgewertet werden. Hiermit bezeichnen wir lediglich eine bestimmte Form des kreativen Denkens.

Ohne die Phantasie gäbe es keinen noch so kleinen Teil des so genannt realen Universum.

Sie ist gewissermaßen das Bindemittel von jeglicher physikalischer Realität, zur Wirklichkeit bei den Denkvorgängen.

Übrigens stehen Karma und Wiedergeburt, aus meiner Sicht, keineswegs in so engem Verhältnis zueinander, wie es in den vorgenannten Konzepten immer wieder hervorgehoben oder von anderen verneint wird.

Außerdem sind Reinkarnation und Wiedergeburt nicht einmal in allen Varianten identisch.

Wiedergeburt ist die Wiedergeburt eines neuen Körpers, mit der immer wieder sich verbindenden Seele als „Beifahrer", nichts anderes als das.

Bei der Reinkarnation werden in den indischen Betrachtungen zwangsläufige Stufen eingebaut, die der Seele Pflanzen oder Tiere zuweisen.

Dies ist purer Unsinn – außer man stimmt dennoch damit überein und bindet sich so selbst in dieses System!

Die Wiedergeburt ist an keinerlei Systematik gebunden, wenn oder sobald wir unsere ureigene Fähigkeit zur Selbstbestimmung anwenden können.

Es gibt keine festen Regeln, weder im Umgang mit der Zeit noch abhängig vom Ort.

Wenn wir dennoch gewissen Vorgaben folgen, liegt es an unser eigenen Folgsamkeit oder Duldsamkeit gegenüber so genannten Obrigkeiten oder dergleichen. Je weniger jemand von den angeblichen „Notwendigkeiten" weiß, umso freier kann er sich im „Leerraum" zwischen den Leben bewegen.

Mir wurde im Laufe meiner Tätigkeit als Spiritueller Rückführer mehr und mehr klar, dass die Karma-Konzepte nie so funktionieren wie sie propagiert werden.

Die wirklich entscheidenden Bindekräfte im Geistigen sind Liebe und Hass in all ihren Abstufungen und Ausprägungen.

LIEBE und HASS sind die zwei Seiten einer Medaille, die mir begegnet sind, wenn sich Wesenheiten über die Zeiten verstricken.

Kein noch so ausgeklügeltes Punktesystem beziehungsweise jene mathematischen Strukturen, haben die gleiche Wirkkraft wie eben Liebe und/oder Hass.

Den Emotionen darf, auch bei anderen Sichtweisen, eine weitaus stärkere Schaffenskraft zugerechnet werden, als dem analytischen Denkvermögen eines Verstandes.

Erst indem wir uns über die Emotionen erheben können, gelangen wir zur Transzendenz. Alle Lebewesen, Mensch oder nicht Mensch, sind vorwiegend emotionsgesteuert.

Vor allem die Liebe können wir Menschen nutzen, um dem karmischen Netzwerk ein Schnippchen zu schlagen.

In Liebe erheben wir uns sogar zum Göttlichen hin, weit über den sexuellen Liebesakt hinaus.

In der höchsten Form von Liebe, unabdingbar, ohne jegliche Art und Weise einer Bedingung, befinden sich Wesen im karmischen Leerraum.

Möglicherweise haben sich Jesus und Buddha entsprechend von ihrem Karma befreit. Bei Mohammed bin ich mir da keineswegs sicher.

Man kann aber sagen was man will, ich habe mittlerweile keinerlei Zweifel daran, dass wir uns selbst, alleine oder gegenseitig, aus jeglichen Karma-Konzepten erlösen können.

Wir sind nämlich die Götter oder waren es zumindest, die im geistigen Kosmos sowie im physikalischen Universum aktiv sind und hier noch immer gestalten.

Jedenfalls sind wir keineswegs nur dieses eine Lebewesen, das wir hier meinen zu sein.

Wir, die TAO-Seele, steuern sogar ungezählte Körper. Sowohl auf Planet Erde als auch darüber hinaus im All, in den Weiten des Universum.

Wir leben das große Miteinander, bewusst sowie nicht bewusst.

Wir sind dauerhaft verbunden, mit all den anderen Wesenheiten und mit unserem Göttlichen Ursprung.

Ich kenne dieses Dasein, mit all seinen Facetten, als: TAO, das Geistige, unmittelbar verbunden mit dem Göttlichen TAO.

Ursache und Wirkung

Du selbst bist der Regisseur in Deinem eigenen Leben.

TAO, die Person selbst, als Geistiges Wesen, ist das alleinige, ursächlich mit Vernunft begabte Prinzip. Es ist das, was als „Boss" im Geschehen der Dinge und Abläufe bewusste und gezielte Wirkungen in diesem Universum hervorrufen kann. TAO, Du selbst, hast die Macht, die Kräfte Deines Denkens zu einem Bild zu formen sowie den Gestaltungsprozess in Gang zu setzen und dann in Gang zu halten. Das Gesetz von Ursache und Wirkung bestimmt das Geistige sowie das Leben im Universum der physikalischen Naturgesetze.

Aus dem geistigen Kosmos „heraus" gilt diese Gesetzmäßigkeit ebenso für das physikalische Universum. „Dort", in dem Geistigen Sein, existiert jedoch weder unsere Vorstellung von Raum noch der Ablauf der Zeit.

Deshalb geschehen unsere einmal gedachten Vorstellungen sowie die mentalen Abläufe gedankenschnell, das heißt: Ohne jede Zeitverzögerung.

Also, immer und immer wieder dieser Rat:

**„Hüte Dich vor Deinen Gedanken,
Wünschen und Träumen,
denn sie könnten erfüllt werden!"**

Taoistisches Sprichwort

Postulate

Auf Lateinisch heißt dies postulatum = "Forderung" sowie eine Schlussfolgerung oder ein Entschluss. Daraus ergibt sich eine Entscheidung, die von einer Person aufgrund ihrer eigenen Selbstbestimmung gefasst wurde.

Postulieren heißt demnach: Das Beschließen oder die Entscheidung ein Problem zu lösen oder ein Konzept für die Zukunft aufzustellen oder aber ein Schema der Vergangenheit aufzuheben. Ein Postulat ist immer als solches bekannt. Es kann sowohl auf bewussten als auch auf nichtbewussten Daten aus weiter oder naher Vergangenheit beruhen.

Ein Postulat wird immer in der Gegenwart, im Hier und Jetzt, aufgestellt.

Postulate lösen Probleme der Vergangenheit, sie entscheiden über die Probleme sowie über die Betrachtungen der Gegenwart oder sie stellen jeweilige Konzepte für die Zukunft auf.

Als Spiritueller Rückführer muss ich über diese oftmals felsenfest postulierten Geschichten von Personen Bescheid wissen. Meine Rat- und Hilfesuchenden haben nämlich häufig überhaupt keine Ahnung was sie für ihr Leben alles so per Postulat in die Welt gesetzt haben. Vieles von dem, wofür sie Hilfe erwarten, ist von ihnen selbst so gewollt.

Viele der diagnostizierten Krankheitserscheinungen verschiedenster Art haben ihre wahre Ursache nicht bei irgendwelchen Krankheitserregern, Giftstoffen oder sonstigen Zufallsprodukten. Selbst Unfälle geschehen nicht so ohne weiteres. Schicksal, Zufall, Gottesurteil oder Kismet sind von den Leuten entweder direkt tatkräftig mitverursacht oder zumindest, aufgrund von Untätigkeit, nicht verhindert.

Dies gilt sowohl für die eigenen Unfälle, als auch für solche Unfälle, die nahen Mitmenschen geschehen.

Auch Krebs, Diabetes, Herzinfarkt oder Schlaganfall ... lassen sich ganz einfach auf die Lebensgestaltung sowie auf Lebensgewohnheiten zurückführen. Sie sind einfach ein Ausdruck selbst verursachter Willenserklärungen.

Die selbsttätigen Umprogrammierungen solcher tief sitzender Postulate greifen nicht, wenn die Person deren genaue Ursache nicht kennt.

So macht auch die Empfehlung, per Selbstsuggestion auf das Unterbewusstsein (was auch immer das sein mag!?) einzuwirken, keinen Sinn.

Erst das vollständige BewusstSein, in Bezug auf ein ursächliches Ereignis, ermöglicht den wirkungsvollen Zugriff auf eine uralte, postulierte Willenserklärung.

Mit der machtvollen Methode der Spirituellen Rückführungen gelangen wir sogar in tiefersitzende Schichten des menschlichen Denkens, des Verstandes.

Der Informationsgehalt im Körpersystem mit seinem Energiefeld lässt offenbar eine Heilwerdung nicht zu.

Deshalb nimmt die Person, mit unserer Hilfe, den bewussten Kontakt auf und gelangt so mittel- bis langfristig in das unmittelbare HIER und JETZT.

Entweder die Person selbst oder aber wir gemeinsam bewirken dann die enorme Erleichterung von Informationen, die auf solche Postulate zurückzuführen sind. Für die Vorgänge im Physikalischen stellen sich diese entscheidenden Fragen:

> Bist Du Ursache oder Wirkung beim Leben in diesem Universum?

> Hast Du das Leben in Deiner Hand oder hat das Leben Dich im Griff?

Nichts, wirklich gar nichts im physikalischen Universum, kann Geistige Wesen mitsamt ihrem Verstand erschüttern, wenn diese abermals bewusst werden und erkennen, wie das vordem selbst geschaffene Gesetz von Ursache und Wirkung anzuwenden ist.

Oft genug finden wir eine ziemliche Begriffsverwirrung bezüglich dieser beiden Begriffe bei den Menschen. So wird doch tatsächlich, in den Betrachtungen etlicher Leute, die Ursache zur Wirkung vertauscht und umgekehrt.

Demnach kannst Du Leute sagen hören: "Ich bin die Wirkung im Leben, weil ich etwas bewirke."

In Wahrheit sollte es natürlich richtig so heißen: "Ich bin die Ursache im Leben, weil ich etwas bewirke (oder eben auch verursache)."

Die Wirkungsposition ist die unterordnende Position

Leute machen sich klein, sprechen von sich selbst als: „Wir kleinen Leute", und sie lassen einfach etwas mit sich geschehen.

Jene „kleinen Leute" beugen sich den „Mächtigen" ohne aufzumucken.

Solche Menschen lassen es somit tatsächlich selbst zu, dass sie in einer andauernden Unterdrückung leben. Der von außen zugefügte Druck, letztlich ein zugelassener Druck, diese Art der Suppression, führt nicht selten zu einer als „krank" diagnostizierten Depression (psychischer Niedergeschlagenheit).

Menschen lassen es zu, dass man ihnen auf den Kopf spuckt. Noch schlimmer: Sie fordern die Unterdrückung geradezu heraus. Sie ziehen ihre Unterdrücker wie magisch an.

Die in Unterdrückung lebenden, werden auch oft selbst zu Unterdrückern, indem sie den Druck wie automatisch weitergeben.

Diese Leute sind nicht durch ihre bewussten Handlungen sondern durch ihre Automatismen und besonders durch ihr Nichthandeln dafür verantwortlich, dass sich die Hierarchien von Über-, Unterordnung in unserer Gesellschaft etablieren konnten.

Als Spielfiguren auf einem imaginären Schachbrett des Universum könnte man diese vorgeblich „Kleinen" als die Bauern im Spiel ansehen.

„Das ist das Verdammte an den kleinen Verhältnissen, dass sie bemüht sind, die Seele klein zu machen."

Henrik Ibsen

Die Ursacheposition ist die machtvolle Position

Diese Position sollte jetzt allerdings auf gar keinen Fall mit der Unterdrückung anderer gleichgesetzt werden. Sie wird jedoch oft genug dafür angesehen. Kein Mensch in einer wirklich ursächlichen Position, missbraucht seine natürliche Macht automatisch zur Unterdrückung.

Es sind die oben genannten Kleingeister. Ohne eigenen Selbstwert gebärden sie sich als Möchtegern-Herrscher, die dann mit der Macht Schindluder treiben.

Diese Leute wurden zum Beispiel in überhöhte Machtpositionen hineingeboren oder sie wurden, damit andere Mächte ihren Nutzen davon haben, irgendwie fremdgesteuert auf entsprechende Positionen gehievt.

Macht und Ohnmacht stehen sich hier wirklich gegenüber. Der Ohnmächtige ist nämlich deshalb völlig machtlos, weil er sich dem Geschehen entzieht.

Dennoch sollte niemand annehmen, dass jemand, der ohnmächtig ist, nichts mehr wahrnimmt. Er ist lediglich zeitweilig nicht ganz bei Bewusstsein.

Hier nun mein Appell an diejenigen, die ihres Bewusstseins mächtig sind: Die so Mächtigen haben die Verpflichtung sich um andere zu kümmern, damit auch diese wieder am Leben und damit an der Macht teilhaben können.

Wahre Herrscher, wie Könige, Kaiser und dergleichen, sahen sich in früheren Zeiten als Diener ihres Volkes, als „Diener des Staates", wie sich Friedrich der Große, der Preußenkönig, selbst bezeichnete.

Um wahrhafte Ursache zu sein, bedarf es niemals eines entsprechend von anderen vorgeschriebenen Postens. Der Mensch, der wahrhaft Ursache im Leben ist, verdeutlicht dies in seinem „SoSein".

Weniger in seinen Reden, als vielmehr besonders an seinem Tun wird dies klar, denn:

An ihren Taten sollt Ihr sie erkennen.

Als Mensch mit absolut ursächlicher Lebensweise und Lebenskraft bist Du TAO, das Geistige Wesen, das Selbst, ganz und gar das „Ich bin" in reiner spiritueller Betrachtung.

Stabilität und Standfestigkeit in allen Lebenslagen, charakterisieren diese sich selbst bewussten Menschen.

Energetisch wahrnehmbare Präsenz im Dasein, eine so genannte „starke Aura", umgibt solche Personen.

Der hauptsächliche Grund, warum sich manche Leute davor drücken Ursache zu sein, ist: Die damit eng verbundene, allerdings aufgesetzte und nicht wirklich erforderliche, **Angst vor der Verantwortung** für das Verursachte.

Denn, dies ist tatsächlich eine Gesetzmäßigkeit:

Nur wer bereit ist Verantwortung zu übernehmen, kann auch effektiv ursächlich sein.

Verantwortung zu übernehmen scheint allerdings, besonders im Gefüge der heutigen Gesellschaften, nicht mehr „In" zu sein.

Viele, sehr viele geben Verantwortung gerne ab: An Horoskope, an Talismane, ebenso an Ärzte und Pfleger, an Drogen und Medikamente, an Parteien und ihre Politiker, an den Staat und seine Institutionen, an Banken und Versicherungen, an Gott, mit seinen irdischen Vertretern, und an die Welt.

Diese Menschen leben dabei wie blinde und taube Herden-Sklaven in ihrem weitgehend verantwortungslosen und damit vorgeblich schuldlosen Dasein.

Wie Lemminge laufen sie gemeinsam in den sicheren Tod. All dies nur, weil es Generationen vor ihnen auch schon so gemacht haben.

Dafür verantwortlich sind schließlich immer die Anderen. Denen weisen sie auch ganz schnell ihre Schuld zu.

Mangelndes Selbstbewusstsein ist mangelndes Bewusstsein zum eigenen Selbst, als Geistigem Wesen, ist die Ursache für so eine Lebenseinstellung.

Der Begriff „Schuld" wird locker getragen, wie ein Colt an der Hüfte.

Wer ein falsches oder unbedachtes Wort äußert oder eine andere Überzeugung lebt, wird damit ganz einfach abgeschossen.

Mit der idiotischen Floskel: „Wer sich verteidigt klagt sich an!", wurde schon so mancher brave Mensch auf den Scheiterhaufen geschickt.

Schuldzuweisungen sind üblich und an der Tagesordnung. Mit: "Der, die, das ist schuld." oder direkter: "Du bist schuld!", hat man ganz schnell jemand ausfindig gemacht der hoffentlich überhaupt ein Gewissen hat oder vielleicht gleich ein schlechtes, an das man sich dann anschließen kann, um ihn noch richtig fertig zu machen.

Der soll dann mehr Verantwortung für die zugewiesene Schuld tragen als man selbst. Gegen den kann man seinen Zeigefinger strecken.

Diese Person oder Institution muss deswegen noch lange nicht im Unrecht sein. Das Wichtigste ist hierbei erst einmal, dass von der eigenen Verantwortlichkeit abgelenkt werden konnte.

Wenn der Angegriffene sich dann nicht einmal angemessen wehrt, sich nicht wehren will oder sich nicht zu wehren vermag, weil er dem Angriff schutzlos ausgeliefert ist, ihn möglicherweise so gar nicht erwartet hat, können jene sich sogar noch in einem relativen Recht wähnen.

Die so, schnell missbrauchten Begriffe von Schuld und Sühne geraten jedoch zu einer Farce, zu einem Possenspiel, werden sie im blendend hellen Lichte der ursächlichen Verantwortung angestrahlt.

Hinter oder vor dem vorgeschobenen Täter könnte nämlich plötzlich der wahre Unhold zum Vorschein kommen.

Auch der verursachende Täter und das der Wirkung ausgesetzte Opfer, erhalten durch diese grelle Beleuchtung eine ganz andere Beziehung zueinander.

So entwickelten sich die Betrachtungsweisen zum Karma aus jenem angeblichen Zusammenhang zwischen Schuld und Sühne.

In den indischen Philosophien (Hinduismus, Jainismus und Buddhismus) gibt es sich ähnelnde Vorschriften zum Abbau von Schuld, die sich nach deren Ansicht, im karmischen Miteinander angehäuft hat.

Ob dies wirklich für alle Menschen auf diese Art und Weise funktioniert vermag ich nicht in letzter Konsequenz zu bestätigen.

Aus meinen Erfahrungen mit den Spirituellen Rückführungen kann ich lediglich immer wieder erklären: Wer sich solchen oder ähnlichen Regelwerken zuordnet oder sich ihnen unterordnet, wird mit ziemlicher Sicherheit auch entsprechende Wirkungen erzielen.

Ob damit das Leben der Menschen einfacher wird? Ich wage es zu bezweifeln, wenn ich mir das System der Kasten in Indien real anschaue.

Aus den Ursachen entstehen Wirkungen, weil sich die geistigen Bindekräfte des Kosmos, nämlich Liebe und Hass, in einem Netzwerk anziehen oder abstoßen. Dabei ist auch das Abstoßen nichts anderes als eine wirksame Bindung über den Raum und die Zeit hinaus. Denn ohne das Gegenüber gäbe es diese Wirkungen nicht.

Die Liebe und der Hass erzeugen das Karma, nach meiner Erkenntnis aus vielen Spirituellen Rückführungen. Ausschließlich Liebe und/oder Hass setzen sowohl die Ursachen als auch zwangsläufig die hervorgerufenen Wirkungsweisen.

Sobald wir sowohl unser Denken als auch selbstverständlich unsere Emotionen möglichst intensiv der Liebe zuwenden, je hochwertiger desto besser, bringen wir den karmisch angestauten Hass automatisch zum verschwinden.

Notwendige Übel
in Wirkungspositionen

Die meisten Menschen beugen sich im Verlaufe ihres langen Lebens, den auf sie einströmenden, sie intensiv beeindruckenden, erzwungenen oder zwanghaften Notwendigkeiten.

Der Begriff: „Notwendig", verdeutlicht bereits die Art und Weise des Vorgehens. Die zusammengesetzten Worte Not + wendig bedeuten hier ganz einfach: Aus der Not geborene Wendigkeit.

Menschen wenden oder winden sich unter dem Druck der selbst erzeugten oder von außen herangetragenen Nöte.

Diese Art und Weise des Denkens und des Handelns ist eine Wirkungsposition allererster Güte. Die Ursache über sein Leben erreicht man dadurch sicher nicht. Erst wer der drückenden Not ein Schnippchen schlagen kann, gewinnt die wahre Ursacheposition zurück.

Dazu muss der Mensch im, für ihn reichlichen, relativ überlebensfreundlichen, Zustrom von Geld und Gütern aufsteigen. Er schwimmt sich so tatsächlich frei. Er schwimmt buchstäblich, als ursächlich handelndes Wesen, hin zu Überfluss und Wohlstand, um dann verstehen zu lernen, wie es sich in diesem als befreit erlebten Zustand dauerhaft lebt.

Sich zu winden ist keineswegs die Art von TAO, den freien Geistern.

Diese Art der Bewegung, weder körperlich noch geistig, entspricht weder dem aufrechten Gang von Menschen noch beinhaltet sie Geradlinigkeit im Leben. Allerdings gibt es genügend Bestrebungen in unser aller Umfeld, die uns erst in Nöte bringen wollen und uns dann in Mangel und Not halten.

Systeme von mehr oder weniger raffiniert aufgebauten Fallen mit ihren Fall- und Fangstricken umgeben jeden von uns.

Ein Beispiel dafür sind zu enge, würgend wirkende Familienbande. So mancher darf sich nicht aus dem Staub seiner Vorfahren erheben, weil er schließlich schon immer zu den kleinen Leuten gehört hat, sich gefälligst nicht einbilden soll etwas Besseres zu sein. Wer dennoch anfängt, Verantwortung für sein Leben zu übernehmen, ursächlich zu werden, tatkräftig etwas zu bewirken beziehungsweise zu verursachen, wird diese und ähnliche familiäre Bande gehörig strapazieren.

Die nächsten fallenähnlichen Strukturen erwarten Freigeister in den Schul- und Lehrsystemen, mit all ihren vielfach doktrinären, erstarrt wirkenden, teilweise verlogenen oder überzogenen Lehrinhalten. Was junge Menschen dort über Jahre gelehrt bekommen, ist häufig weltfremd, in der Realität des Lebens nicht anwendbar.

So sollen manchmal nur ideologisch geprägte Lehrpläne erfüllt und ausgeführt werden.

Solche Planvorstellungen haben dann nur sehr wenig mit den Lebensinhalten um uns herum zu tun.

Außerdem wird die Teamfähigkeit untergrabenden, der Individualisierung bis zur Gegnerschaft zuarbeitende Vorgehensweisen tragen entscheidend zu Stagnation und Erstarrung in der Gesellschaft bei.

In diesen menschlich unwürdigen Verhältnissen hat auch Kriminalisierung ihren Ursprung. Dort gibt es keinen spielerischen Umgang untereinander. Jeder gegen jeden heißt die Devise. Mit besser, höher, weiter bleibt die Liebe auf der Strecke.

Vertreter der Systeme, die Lehrer, wissen oftmals nicht einmal selbst, dass sie an der Harmonisierung des Lebens vorbei lehren.

Während sie sich freiwillig oder zwangsläufig den von oben aufgesetzten Plänen beugen, versuchen sie ihr Handeln einfach mit dem eindeutig verlogenen Satz zu rechtfertigen: „Nicht für die Schule, für das Leben lernt ihr."

Erst, wenn solcherart verbildete Menschwesen später feststellen müssen, dann möglicherweise schmerzhaft, wie weit sie vom Schulsystem in die Irre geleitet wurden, gehen einigen von ihnen wahrhaftig ganze Kronleuchter auf. Leider fehlt für solche, direkt aus dem Leben gegriffenen Erkenntnisse, häufig der kommunikative Draht, zurück zu den Schulen. Und ob deren Meinung dort noch Gehör finden würde, darf zudem bezweifelt werden.

Im Berufsleben setzt sich die Erzeugung von geistig reduziertem fort, mit leicht zu versklavendem, mittels gezielt beabsichtigten Fremdeinflüssen beliebig steuerbarem, wenig nachdenkendem Menschenmaterial.

Im Gegensatz dazu sollten wir auf dem Planeten Erde vorfinden dürfen: Über sich selbst bestimmende, geradezu universell denkende und selbstständig handelnde Menschen. Dass dies nicht so ist, verdeutlichen solche Schlagworte wie: Spezialistentum, Betriebsblindheit, Beamtenmentalität und ähnliche.

Wir müssen leider immer wieder wahrnehmen, wie Leute es zulassen, in einem Berufsfeld oder in dem für die Öffentlichkeit bestimmten Bild davon, eingeengt zu werden.

Die Waagschale einer Balkenwaage senkt sich hier, in unserem sozialen Umfeld, in den Gesellschaften der meisten Staatsgebilde dieses schönen Planeten, ganz klar zu Ungunsten von Ursache.

Umkehr ist angesagt!

Um tatsächlich wieder Ursache im Leben sein zu können, es zu dürfen, müssen: Lieb gewonnene Gewohnheiten gebrochen, alte, verfilzte Zöpfe abgeschnitten, die verdrehten Denkschleifen entknotet, völlig neue Wege beschritten werden.

Wir müssen die begangenen Fehler als solche erkennen, anerkennen und bereit sein, darüber hinaus zu wachsen.

Mit der gleichen Intensität wie wir Fehler begangen haben oder noch begehen, sollten wir spätestens von nun an unsere Fähigkeit nutzen, daraus Schlüsse zu ziehen, zu lernen und das Fehlverhalten zuerst mental und dann real zu überwinden.

Unser Denken geht unseren Handlungen immer voraus.

Nicht aus den Fehlern zu lernen, aus eigenen wie aus fremden, bedeutet nur, in seiner engmaschigen Wirkungsposition stecken zu bleiben.

Wer vollständig Ursache in seinem Leben sein will, darf weder an alter bis uralter Schuld noch an altem Leid und schon gar nicht an den alten Verlusten hängenbleiben.

Imagination

Die magische Kraft
der Gedanken.

Hier die Definition zum Begriff **Imagination**: Vom Lateinischen „imaginatio" = „Vorstellung", „Einbildung".

Gemeint ist eine Art und Weise zur Gestaltung oder zur Bildung von Gedanken in Bildern (bis zu Filmen), die wie ursächliche Wirklichkeit erscheinen und die in die Realität herein wirksam werden.

Die aus der geistigen Wirklichkeit heraustretend bildende, somit geistige Kraft bezeichnet man auch als: Einbildungskraft, Bildekraft oder Vorstellungskraft.

Entsprechend dem Spruch aus dem Talmud, wird die unwägbare, mit Vorsicht zu benutzende Kraft des Denkens direkt vor jegliches Tun gesetzt:

**"Achte auf Deine Gedanken,
sie sind der Anfang Deiner Taten."**

Eine weitere Weisheit, diesmal aus der Bibel, stellt die Macht des Denkens noch drastischer dar:

"Der Gedanke kann Berge versetzen."

Aus der langjährigen Erfahrung mit meiner Tätigkeit als Spiritueller Rückführer kann ich ergänzend noch hinzufügend:

Denkmuster sind die Ursache.

Dies gilt für Krankheitsbilder der verschiedensten Arten ebenso wie für deren spontane Heilung. Dies gilt auch für die Einstellung zum Dasein und zu dessen Sinn.

Ausschließlich aus unseren Gedanken heraus „erwachsen" direkt über Worte und Handlungen die realen Dinge und Vorgänge in unserer alltäglichen Umgebung.

Könnten wir keine gemeinsam vor- oder ausgedachten Begriffe und Definitionen für real bestimmbare Gegenstände oder für wirkliche Tätigkeiten nutzen, die wir irgendwann einmal zur Sprache hatten werden lassen, wir würden alle nur vor uns hin leben und uns gegenseitig ein X für ein U vormachen.

Dabei würden wir wohl niemanden absichtlich oder ernsthaft täuschen wollen.
Wir hätten einfach lediglich nicht die Fähigkeit uns mitzuteilen.
Unsere kreativen und handwerklichen Fähigkeiten wären ausschließlich auf uns selbst bezogen.
Sie würden ganz schnell mit uns aussterben und müssten von anderen neu kreiert werden.
Es gäbe niemanden der ohne das Gespräch Interesse finden würde. Denn allein schon durch das Reden darüber könnte jemand lernen wollen.
Anschließend würde, durch waches Zuschauen und durch die Nachahmung, das Wissen aufgenommen. So werden dann die Fertigkeiten weitergetragen.

Ohne diese Sprachbegabung gäbe es auch keinerlei Möglichkeit zum vertieften, intellektuellen Austausch.

Die Weitergabe von Erfahrungen würde abgeschnitten sein. Wir könnten so kein größeres, gemeinschaftliches Projekt bewerkstelligen.

Wie notwendig unsere Fähigkeit des Denkens ist, damit verbunden der aktive, kommunikative Austausch von Gedanken über die Sprache, haben uns die alten Babylonier ungewollt vorexerziert:

Hervorgerufen durch den angeblich ketzerischen Turmbau in Babel (nicht gleich der Stadt Babylon), hat eine damals vorherrschende Gottheit (nicht unbedingt der Gott aus der Bibel) die heute sprichwörtlich gewordene Sprachverwirrung (als die „babylonische Sprachverwirrung" bekannt) herbeigeführt.

Das Bauwerk, der "Turm zu Babel" sollte einer erneuten Sintflut trotzen. Er hat offenbar zu viel vom Wissen und dem Können der Menschen aufgezeigt.

Dadurch erschienen diese angeblich so furchtbar „überheblichen" Menschwesen der besagten Gottheit plötzlich als gefährlich oder dergleichen. Die Macht des Königs Nimrod und seiner Baumeister musste gebrochen werden.

Die von den Juden überlieferte Verwirrung der Sprache führte schließlich zum völligen Untergang der ersten Hochkultur nach der Sintflut.

Demzufolge konnte sich keiner der Beteiligten mehr mit irgendeinem anderen zum Austausch von gemeinsamen Ideen verständigen.

Lange Zeit wurden keinerlei ähnliche Bauten mehr errichtet. Zumindest gibt es keine daran unmittelbar anschließenden Erzählungen ähnlicher Art.

Aus der Erkenntnis um solche Zusammenhänge heraus ist hier die Reihenfolge aufgezeigt, die sowohl einzelne Individuen als auch Gruppen von miteinander agierenden Personen befähigt, im Leben etwas zu erreichen:

Denken - Handeln - Schaffen.

Vor jedes Handeln, wozu auch schon die absichtsvoll geführte Kommunikation zählt, ist das Denken gesetzt.

Ebenso braucht es für das ins Materielle umsetzbare, umzusetzende Schaffen das vorgeschaltete geistige Erschaffen, speziell in dem von uns geschaffenem, physikalischen Universum.

Jegliche Handlung, bis hin zu einem schaffenden Tun oder einer Tat, setzt einen Gedanken voraus. Es gibt niemals ein wirklich gedankenloses Handeln.

Auch irgendwie verwirrtes Denkvermögen wird demnach eine ähnlich verrückte, vorgeblich absichtslos erscheinende Handlung hervorrufen. Immer geht jedoch auch diesem Handeln und anschließend dem Schaffen ein Denkvorgang voraus.

Das Handeln, als vorbereitend kommunikativem Tun sowie dem handwerklichen Können, gipfelt schließlich im Schaffen sowie dem endgültigen Erschaffen, der Verwirklichung eines geistigen Werkes, das nun den Aktionszyklus umfasst:

Starten – Verändern - Stoppen.

Das Erschaffene ist sodann das fertige, ins Materielle umgesetzte Werk oder das Produkt, das möglichst dem Erdachten gleich kommen soll.

Getreu der bereits genannten, alten Weisheit:

„Der Gedanke kann Berge versetzen."

nutzen wir in jedem Augenblick, ständig, wirklich andauernd, die visuelle Kraft der Gedanken. Sie dient der zielgerichteten, bildhaften Vorstellung von etwas im Denken bereits Gegenwärtigem.

Zur besonderen Vorsicht mahnen jedoch nochmals diese aus dem Daoistischen, dem Arabischen sowie dem Talmud stammenden, überall wiederkehren-
den Worte:

**„Hüte Dich vor Deinen Wünschen,
sie könnten in Erfüllung gehen."**

So sollten wir sehr sorgsam mit dieser Kraft zur Vorstellung umgehen, mit der:

Vorstellungskraft

Dieses Wort: **Vorstellungskraft**, beinhaltet
mehr als einfach nur das, was man lapidar so dahin
sagt.

Es ist fast schon eine Anweisung. So ist es zusam-
mengesetzt aus den Worten:

Vor + Stellen + Kraft.

Das "**Vor**" heißt auch "gegenüber" oder "davor".
Wohin sollen wir demnach mit was oder womit?

Es geht offenbar wirklich darum, etwas nach vorne zu projizieren.
Ist damit die Zukunft gemeint?
Oder, ist dort vorne real so etwas wie eine Kino-
leinwand?

Tatsächlich! Dort ist wahrnehmbar, vor unserer
Stirn, ganz offenbar außerhalb des Gehirns, eine Art
Leinwand auf der unser bildhaftes Denken sich visua-
lisiert, abbildet oder sogar wie ein Film abläuft.

Dazu ein kleines Experiment:

> Schließe die Augen.

> Stelle Dir das Bild einer schwarzen Katze vor.

> Deute darauf mit dem Zeigefinger der rechten Hand.

> Und öffne jetzt Deine Augen,
  wobei Du weiterhin auf das Bild zeigst.

Du erkennst jetzt sofort: Dort vorne, irgendwo **vor** Deinem Kopf, in individuell unterschiedlicher Entfernung, findest Du die Projektion Deiner Vorstellung.

Was soll aber geschehen, wenn jemand gedanklich auf diese Leinwand ein Bild zaubert oder eben stellt?

Sich **Vor-Stellen** soll dieser Jemand das Bild. Eigentlich handelt es sich auch nicht lediglich um eine Leinwand, sondern um ein geradezu magisch wirkendes, räumliches Projektionsfeld.
Oft erkennen wir über die Bilder hinaus sogar Filme mit zeitlich bestimmbaren Abläufen und allen nur möglichen, nicht nur bebilderten Wahrnehmungen.

Zum Beispiel: In Träumen finden sich ganze Geschichten in diesem Feld. Beim Erstellen von Traumgeschichten sind viele von uns wahre Künstler.

Aus dem Nicht-Bewussten heraus beherrschen wir diese Art „Technik" sowieso andauernd perfekt.

Deshalb stellen wir beim sich **Vorstellen** dort hinein, in dieses Raumfeld, ein naturgetreues, bewegtes Abbild von der Realität, als gedachte Wirklichkeit.

Faszinierend erscheint nun: Auch bei völligem Tagesbewusstsein kann ein richtig kunstvolles Bild entstehen, bis hin zu ganz real wirkenden Filmen, indem wir all dies visualisieren.

Visualisieren: Zum Englischen visualize = „sichtbar machen". In Bildform in Anschauung umsetzen. Es wird so sichtbar gemacht, dass es Aufmerksamkeit (Denkenergie) erregt. Zur Realisierung von Projekten wird dadurch ebenfalls bildhafte Energie aufgebaut.

Dabei sind wir, TAO, unmittelbar selbst, die entwerfenden Künstler und zugleich die Regisseure für die Abläufe.

Richtige Abläufe, aufgebaut wie Spielfilme, können wir Menschwesen in unserem magischen Projektionsfeld erzeugen.

"Das ist doch alles nur Phantasie.", höre ich jetzt jemand abwertend sagen.

Selbstverständlich! Es ist die Phantasie.

Die klare, eindeutige Definition für Phantasie besagt nämlich, übersetzt aus dem Griechischen: „Vorstellung" oder „sichtbar machen".

Was tut ein Künstler, ein Techniker, ein Architekt, ein Handwerker, ein Erfinder denn anderes, als diese phantastischen Gedankenbilder zu nutzen, um daraus etwas sehr Reales, für uns alle Sichtbares und Verwendbares, zu erschaffen?

Jede Hausfrau, die am Herd einen Braten zubereitet, ein Essen zaubert, arbeitet vor ihrem praktischen Tun mit dieser bildnerischen Kraft der Gedanken, mit der Imagination.

Jeder Schritt zu einer Herstellung muss erst durchdacht, muss sich vorgestellt werden. Dann, wenn das Ergebnis oder der Ablauf gedanklich schon fertig ist, wird gezielt eine Handlung daraus.

Dies läuft beständig ab, bis hin zur vollständigen Schaffung einer erschaffenden Tätigkeit, letztlich der Erschaffung des Werkes.

Sogleich erleben wir die geradezu magischen, machtvollen Auswirkungen des dritten Begriffes bei **VorStellungs-Kraft**: Kraft besagt hier nichts anderes als die Anwendung und Umsetzung von Energie.

Die Kraft ist die Fähigkeit zu tun, etwas zu bewirken. Sie ist somit Stärke und Wirksamkeit. So ist tatsächlich die Vorstellungskraft wirklich eine Kraft. Sie geht vom Denken, von den Gedanken aus.

Sie lässt bei jedem von uns plastische Energiemuster entstehen. Daraus lassen sich Gedankenbilder formen und ins Hier und Jetzt transferieren.

Damit lassen wir allerdings auch Krankheitsbilder real werden. Auch Symptome, als Erscheinungen von Krankheiten, haben ihren Ursprung im Denkvorgang.

Bewusst oder weniger bewusst **postuliert**, werden die Denkmuster in ihrer Art und Weise, also in der Form von Taten oder Geschehnissen freigesetzt.

Im Talmud, dem in Geschichten beschriebenen, rabbinischen Kommentar zum jüdischen Glauben, lesen wir sehr treffend, zu der wirkungsvollen Abfolge des Denkvorganges:

**Achte auf Deine Gedanken,
denn sie werden Worte.**

**Achte auf Deine Worte,
denn sie werden Handlungen.**

**Achte auf Deine Handlungen,
denn sie werden Gewohnheiten.**

**Achte auf Deine Gewohnheiten,
denn sie werden Dein Charakter.**

**Achte auf Deinen Charakter,
denn er wird Dein Schicksal.**

Auch hier wird deutlich vom Denken, einer Welt der Gedanken ausgegangen, als Ursachepunkt zur Umsetzung von Vorgängen des Lebens.

Also nochmals: Jegliche Tätigkeit erfordert immer zuvor einen Denkvorgang.

Das Denken selbst ist somit ganz offensichtlich die grundsätzliche, energetische Voraussetzung für das Tun.

So ist schon jegliche Bewegung eines Fingers, der Ausfluss eines vorab bewusst, nichtbewusst oder automatisch geführten Gedankens.

Ohne diese Art Energie wäre Bewegung völlig unmöglich.

Ohne diese Energie tritt über kurz oder lang der total bewegungslose Zustand ein, genannt Tod.

So sind die Kräfte des Denkens erst die Auslöser und schließlich die Beherrscher der im Körpersystem wirksamen Energien.

Mit dieser, von den Denkvorgängen ausgehenden Energieform werden Nerven, Muskeln, Knochen, Drüsen und die Organe, einfach sämtliche Lebensvorgänge beherrscht, sowohl die motorisch nichtbewussten als auch die bewussten.

Die Chinesen fassen diese Energien zusammen, als das strömende, pulsierende Chi, als die Lebensenergie. Die westlichen Mystiker sprechen von Odem und in der indischen Kultur ist es Prana.

Die Frage, die sich mir hier aufgedrängt hat, ist: „Wer denkt denn nun all diese Gedanken, die unser Leben so nachhaltig bestimmen?"

Es gibt nicht nur eine mögliche Antwort, denn:

Das Denken kann erfolgen:

Sowohl **körperlich**, im Gehirn und im Bereich der Nerven, sogar, wie behauptet wird, im Magen-, Darmtrakt und im Herzen, als auch **energetisch**, im Verstand, dem von uns geschaffenen, energetischen Konstrukt, oder **seelisch** durch TAO, Dir selbst, als ursächlich Geistigem Wesen.

Du selbst, TAO, bist der machtvollste Denker von all diesen. Du bist derjenige, der, zusammen mit seinem Verstand, ursächlich in der Lage ist, die Kraft der Gedanken erst einmal zu einem Bild zu formen.

Du setzt den Prozess in Gang und Dein Verstand hält ihn schließlich in Gang.

Aber Achtung: Sowohl das System des Körpers, als auch der Verstand können mit hinterhältigen Viren verseucht oder mit Daten überfrachtet sein.

Dadurch können unsere, im Eigentlichen klaren und eindeutigen Denkvorgaben verwirrt werden.

Es gilt demzufolge für uns, das TAO-Geistwesen, Merkmale zu finden, an denen wir feststellen können, was noch zu unserem hochwertigen Denken gehört und wo die unseligen Einflüsse beginnen.

Hier versuche ich einige Hinweise dafür offenzulegen.

Merkmale für körperliches „Denken" (inklusive Gehirn):

Der Körper, mitsamt dem tollen Gehirn, ist zumeist eine Reiz-Reflex-Reaktions-Maschinerie.

Es handelt sich bei seinen einfachen Denkvorgängen um Automatismen dessen hauptsächliches Bestreben die Erhaltung von Seinesgleichen ist.

Über das nur einzelne Lebewesen hinaus, denkt der Körper auch für den Erhalt der Art und der Gattung.

So ist er spezialisiert auf die mehr oder weniger brauchbare Nahrungsaufnahme und deren Verarbeitung sowie auf das Sexualverhalten und selbstverständlich auf das Vermeiden von Gefahrensituationen oder die Reaktionen darauf.

Die körperlich motivierte Selbstheilung funktioniert dann am besten, wenn dem Körper seine spezielle Denkweise ausschließlich überlassen wird.

Unsere biochemischen Körpereinheiten reagieren auf alle möglichen Erreger für Krankheiten, auf verschiedene Gifte und auf Gefahrenquellen mit entsprechend vorprogrammierten, überlebenswichtigen und für das Überleben eines Körpers tatsächlich richtigen Aktivitäten und Emotionen.

In dem modernen Weltgeschehen kann das Körpersystem allerdings manchmal eine Gefahr nicht mehr genau einschätzen.

Der Reiz-Reflex-Reaktions-Mechanismus springt somit oftmals an, obwohl eine in früheren Zeiten gefährliche Situation mittlerweile längst entschärft wurde.

Das „Denken" eines Körpers ist eng begrenzt auf das Überleben in einer relativ gefährlichen Umgebung.

Körper können sich daher bei Gefahr entweder wehren, flüchten oder sich tot stellen. So antworten sie dann auf einen entsprechenden Reiz mit einem mehr oder weniger angemessenen Reflex und einer sinnvollen Aktion beziehungsweise einer Reaktion.

Manche sprechen hier von der so genannten Intuition. Dies ist allerdings eine gravierende Fehleinschätzung. Es handelt sich hierbei um eine Verwechslung mit dem Instinkt.

Die Intuition ist nämlich, wie wir noch sehen werden, in Wahrheit ausschließlich TAO zuzuschreiben.

Chronisch gewordene, tieftonige Emotionen wie in der Art und Weise von Trauer, Schmerz, Angst oder Wut setzt der Körper oftmals entgegen vernünftigerem Verstandesdenken brutal durch.

Seine enge Denkweise kann wahre Hintergründe nicht analysieren. Die ersten Menschen wurden so geschaffen.

Diese Frühmenschen (auch nicht-irdische) mussten, in einer für sie mehr oder minder gefährlichen Umgebung, einfach nur lernen zu überleben. Da an diese frühen Menschwesen keine allzu höheren Anforderungen gestellt wurden, war ihr mehr oder minder eigenständiges Denken dem von Tieren noch sehr ähnlich.

Sie wurden besonders von etwas gesteuert, das wir heute Instinkt nennen.

Mit ihrem Instinkt bewältigten sie den Kampf ums Überleben und setzten sich gegen ihre feindliche Umgebung durch.

Merkmale für vom Verstand geführtes Denken:

Der Verstand, ein energetisches Konstrukt, sowohl im Körper als auch um den Körper herum, ist für die möglichst genaue Analyse von den Dingen sowie von Situationen und Ereignissen, zudem von Lebewesen oder Menschen zuständig. Er arbeitet ähnlich wie ein Computer.

Analytische, planvolle Berechnungen zur möglichst korrekten Lösung von allerlei Problemstellungen sind seine Hauptaufgabe.
Um diese wichtige Aufgabe bewältigen zu können, bedarf es eines weitgehend vollständigen und korrekten Datenmaterials.

Hat der Verstand diese wichtigen Daten nicht, so kann es geschehen, dass er einfach nur spekuliert. So werden seine Berechnungen unsauber und entbehren dann der „wahren" Logik.
Dennoch hat der Verstand das Bestreben uns TAO immer ein Ergebnis zu liefern. Rechtfertigungen und Spekulationen führen dann zwar zu etlichen Antworten, aber letztendlich zu keinen hilfreichen Ergebnissen. Auf diese Art und Weise entstehen für das Menschwesen seine alltäglichen Probleme.

Da der Verstand zudem darauf programmiert ist Probleme zu erfinden, um sie dann wieder zur Lösung zu führen, verlangt er lange Zeit nicht nach Hilfe durch uns, TAO. Er hat nicht das Bedürfnis geholfen zu bekommen.

Mangelhaftes Datenmaterial kommt dem Verstand somit sogar sehr gelegen. Denn damit kann er wieder einmal ein Problem aufwerfen.

Ein Mensch hätte kein einziges echtes Problem, wenn der Verstand nicht welche produzieren würde.

Schwierig wird es für den Menschen nur, wenn dem Erschaffen eines Problems keine brauchbare Lösung folgt, sondern immer nur weitere Problemstellungen. Dann verlangt sogar der Verstand irgendwann von sich aus nach Hilfe.

Nochmals im zusammengefassten, jedoch erweiterten Modus:

1) Der Verstand sammelt Daten über die Sinne des Körpersystems und

2) speichert diese ab (auch über das Leben eines Körpers hinaus).

3) Der Verstand analysiert das Datenmaterial, plant und berechnet.

4) Der Verstand konstruiert daraus Problemsituationen und
5) liefert eines oder mehrere Ergebnisse zur voraussichtlichen Lösung dieser Probleme.

6) Der Verstand erfindet Rechtfertigungen mit Schuldzuweisungen, wenn sich keine saubere Lösung berechnen lässt.

Dies sind die sechs herausragenden Merkmale an denen wir das Denkschema des Verstandes erkennen können.

Menschen die mehr oder weniger überwiegend von dem Denken des Verstandes gesteuert werden, wirken etwas hölzern und irgendwie robotisch.

Es fehlt der beseelende TAO-Faktor: Das wäre eine offene, freundliche Art und unzweifelhafte, nicht von Berechnungen geprägte Herzlichkeit.

Der starke, übermächtige oder auch überhebliche Verstand behauptet von sich gerne, für das Bewusstsein allein zuständig zu sein und damit die entscheidende Vormachtstellung beim Menschen und seinem Dasein inne zu haben.

So übernimmt er manchmal fast vollständig die Steuerung eines Menschwesens, wie es vor Urzeiten tatsächlich einmal geplant war.

Die TAO-Seele oder das Geistige Wesen, kann sich in solchen Fällen mehr oder weniger zurückgezogen haben, zumal die ursprüngliche Aufgabe des Verstandes wirklich darin bestand Menschen völlig zu übernehmen, während TAO sich in Ruheposition befinden oder andere Aufgaben wahrnehmen konnte.

Menschen denen man es nachsagt:
„Du benimmst Dich wie ein Roboter.", „Du wirkst so berechnend.", werden offenbar sehr intensiv vom Verstand gesteuert.

Jede heutzutage herrschende Form von Moral und des Rechtswesens wird vom Verstandesdenken majorisiert. Bei der Wirkungsweise von TAO wäre ein mehr freundschaftlicher, ethisch hochwertigerer Umgang untereinander angesagt.

Wie weit wir von diesem Zustand entfernt sind, davon sprechen unsere Gesetze sehr deutliche Worte. Diese Gesetze werden von Berechnungen sowie von den darauf beruhenden, herrschenden Moralbegriffen geprägt.

Der Verstand bestimmt derzeit als Ego-Sein unser aller Leben. Seine Art und Weise zu denken wurde zum Maßstab für so gut wie alle Menschen.

Im stark ausgeprägten Individualismus, einem prägenden Egoismus bis hin zur Egozentrik, zeigt sich deutlich das Denken des Verstandes.

Das Denken und der Verstand werden üblicherweise gleichgesetzt. Denn hier findet tatsächlich das statt, was sich uns Menschen als Denkvorgang darstellt, was wir auch als solchen vorrangig wahrnehmen.

Im Großen und Ganzen haben wir, das Selbst als Geistiges TAO-Wesen, uns aus dem vereinfachten Denkprozess ausgegliedert, der hier und jetzt im Rahmen des physikalischen Universum stattfindet.

Für die Aufrechterhaltung von anfangs einmal geschaffenen Naturgesetzen und dergleichen haben wir vor Urzeiten einen gigantischen Verstand geschaffen, ein das Universum umspannendes Konstrukt.

Dazu findest Du vor allem in der „modernen" (anglo-indischen) Theosophie und in der Anthroposophie die durchaus nachvollziehbare Vorstellung von einem gigantischen, übersinnlichen „Buch des Lebens", mit der Bezeichnung: Akasha-Chronik.

Sie soll das „Weltgedächtnis" in immaterieller Art und Weise enthalten.

Im deutschen Sprachraum wurde dieser Begriff Akasha-Chronik vor allem durch Rudolf Steiner bekannt. Steiner nahm für sich sogar in Anspruch, in der Akasha-Chronik „lesen" zu können.

Als Schöpfer des Universum hat TAO, nach meiner Erkenntnis, tatsächlich eine solche Chronik angelegt, die dem Verstand ähnelt.

Darin sind alle kosmischen Gesetze aufgezeichnet sowie jeglicher Akt von Schöpfung, dessen Veränderung und Neugestaltung.

Es gibt kein noch so geringes Ereignis, das die Chronik nicht enthält, minutiös genau und vollständig bis ins Kleinste. Aufzeichnungen der Vergangenheit und außerdem der unmittelbaren, sich neu gestaltenden Gegenwart.

Darüber hinaus enthält Akasha auch Pläne für die Zukunft. Allerdings bleiben dafür viele, viele Möglichkeiten offen.

Einen speziellen Ableger dieser Chronik, eben den Verstand, haben wir, TAO, jeder Art von Lebewesen individuell zugeordnet (insbesondere den Menschen).

Merkmale für unser Denken als Geistiges Wesen:

Unsere hochwertigeren, gedanklichen Aktivitäten finden erst wieder ihren klaren Niederschlag, wenn Attribute gefordert oder zumindest angesprochen werden, die fast ausschließlich seelischer Natur sind. Zu unserer seelischen Art und Weise gehören beispielsweise:

a) Sinn für Schönheit und Ästhetik,

b) Ordnungssinn, Bewahrung und Strukturierung

c) (Er-)Schaffenskraft und Kreativität,

d) (Er-)Kenntnis von ethischer Vernunft,

e) Empfinden für Freundschaft und Zusammengehörigkeit.

Mit so genannter Intuition melden wir uns dann als TAO, als Geistiges Wesen, im Leben zurück.

Die Intuition (vom Lateinischen intueri = „betrachten" und „erwägen", jedoch eigentlich: „angeschaut werden", daher auch ein passiver Sinn von Eingebung), ist das ahnende Erfassen von Etwas oder von einer Situation.

Sie ist die fantastische Fähigkeit tiefere Einsichten in Sachverhalte, Sichtweisen, Gesetzmäßigkeiten oder in die eher subjektive Stimmigkeit von Entscheidungen zu gewinnen.

Dies erfolgt ohne den analytisch arbeitenden Verstand zu gebrauchen, also ohne bewusste Schlussfolgerungen treffen zu müssen.

Das seelische Denken von TAO setzt besonders dann wieder mit aller Macht ein, wenn weitgehend religiöse und/oder spirituelle Fragen aufgeworfen werden.

Sobald ein Mensch sich mit den Fragen zu Gott und mit Beseeltheit beschäftigt oder, wenn Menschen nach dem Sinn des Lebens fragen, denkt TAO.

Auch zeigt in diesen hochwertigen Zusammenhängen TAO, das Geistige Wesen, plötzlich wieder Interesse am Geschehen, wenn seine Hilfe oder sein Zutun erforderlich erscheint.

Sobald allerdings Dogmatik ins Spiel kommt, mit Wollen, Müssen und Sollen, hat schon wieder der Verstand seine Finger im Spiel.

TAO bevorzugt Freiheit, Freigeistigkeit im Denken und Handeln. Deshalb laufen auch die Gesetzmäßigkeiten des Denkens im Geistigen ohne jede Anstrengung und ohne übermäßig planvollen Willensakt ab.

Die von TAO gesetzten Postulate geschehen wie von selbst, einfach locker.

Wir, TAO, reagieren nicht und wir berechnen nichts und niemanden, wir spielen lediglich das „Große Spiel", sowohl des Kosmos (geistig) als auch des Universum (physisch), eventuell noch das „Spiel des Lebens" in der nachträglich gefügten Art und Weise. Dies geschieht einfach, wie von selbst, mit gelebter und erlebter Leichtigkeit, ohne uns großartig schwerwiegende Gedanken darüber zu machen.

Dabei nehmen wir allerdings auch kaum Rücksicht auf die, aus unserer Sicht, so „niederen" Bedürfnisse des Körpersystems.

Das Überleben von Körpern wird zur Nebensache, wenn zum Beispiel an einem Projekt gearbeitet wird, das den vollen seelischen und/oder geistigen Einsatz erfordert. Seelsorger, Erfinder oder Forscher arbeiten hier ähnlich selbstlos.

Unsere Basis des TAO-Denkens kennt weder Raum noch Zeit, denn das Geistige ist kein Bestandteil des Universum.

Gelebte Leichtigkeit ist unsere Devise, auch beim Denken.

In diesem Zusammenhang wird ein wenig verständlich, wenn religiöse Mystiker aller Zeiten gefordert haben, Körper und Verstand zu überwinden, um dadurch wieder Geist zu sein, als TAO wahre Geistigkeit zu erreichen.

Was mich dabei stört ist deren fürchterlich strikte Vorstellung bei der Abwertung des Körpers, womöglich verbunden mit grausamen Geiselungen.

Für mich ist der Körper nämlich immer noch der Tempel der mich beherbergt und das wertvolle Werkzeug mit dem ich im Physikalischen aktiv bin.

Außerdem ist mein Verstand trotzdem kein bisschen unbrauchbar. Im Gegenteil, richtig angewandt, zur rechten Zeit am rechten Ort, und im Bewusstsein seiner Begrenzung leistet er hervorragende Dienste.

Da jeder von uns TAO ist, das Geistige Wesen, sind wir immer wieder fähig zum Schaffen von erstaunlichen Werken. Um diese hier und jetzt in die Welt setzen zu können, brauchen wir einfach alle zur Verfügung stehenden Mittel.

Damit wir uns darüber noch einmal absolut klar werden können, hier die zu seinem erforderlichen Geschehen eindeutigen Funktionsabläufe des Erschaffens:

Denken (das leichte, lockere Denken des Geistwesens übertrifft immer die Denkweisen von Körper und Verstand):
Dennoch, jeglicher schöpferische Akt wird zuerst in der mystisch, magischen Welt der Gedanken zu einem geistigen Eindrucksbild.

Handeln (hier sollte der Verstand helfend eingreifen, die überaus nützliche Körpereinheit steuern):
Handlungen werden als das Tun im physikalischen Universum vollzogen.
Sie laufen möglichst absichtsvoll, gezielt, planvoll und schließlich automatisch ab.

Schaffen (dies ist wieder das Arbeitsfeld von TAO, des Geistigen Wesens):
Das postulierte Gedankenbild und die Handlungsabläufe entwickeln sich zur Realität.

Das Erschaffene wird in den Zyklus von: Start, Veränderung, Stopp eingebunden und so eine Zeit lang aufrecht erhalten.

Mit bewusst eingesetztem, anwendbarem Wissen, dem "know-how", sowie einer unumstößlichen Portion Wissensgewissheit, einer klaren, hohen Überzeugung, dass es wirklich funktioniert, werden der Braten einer klugen Hausfrau ebenso geschaffen wie Flugzeuge, Autos, Wolkenkratzer und Raketen für den Flug zum Mars und darüber hinaus.

Die Traumbilder von Phantasten wie Columbus, Jules Verne, Wernher von Braun und vielen, vielen anderen wurden letztlich bestimmend für unser aller Gegenwart.

Auch Albert Einstein war der Ansicht:

**„Phantasie ist wichtiger als Wissen,
denn Wissen ist begrenzt.
Phantasie aber umfasst die ganze Welt."**

Ebensolche Träumereien und Phantasien gestalten derzeit auch unsere Zukunft.

Deshalb an dieser Stelle, eine Aufforderung an alle beseelten Freunde, Denker und Träumer für eine bessere Zukunft:

"Träumt die Welt von Morgen – Jetzt!"

denn

„Träume gepaart mit Tatkraft werden zu einer wahrhaft mächtigen Kombination."

Hoffnung + Glaube + Liebe

Hoffnung hatte, historisch betrachtet, keine eindeutig positive Aussage. Das griechische Wort „elpis" heißt neutral einfach soviel wie „Erwartung".

In der Erwartung von etwas Zukünftigem kann es sowohl etwas Gutes als auch etwas Schlechtes geben.

Die sprachliche Wendung: Im Deutschen besitzt „Hoffnung" einen eindeutigeren, positiven Sinn: Man hofft auf das Gelingen einer Sache. Dieser positiv geprägte Sinn ist vorrangig auf die christliche Kultur zurückzuführen.

Die Beispiele dafür sind im allgemeinen Sprachgebrauch: „Es besteht doch noch Hoffnung." oder das Sprichwort: „Die Hoffnung stirbt zuletzt."

Auch die alte Sprachwendung für eine Schwangerschaft, wie: „Guter Hoffnung sein", zeugt von diesem positiven Sinn.

Soll jedoch ausgedrückt werden, dass die Hoffnung nicht berechtigt ist, spricht man von einer Illusion oder nur einem Wunschtraum.

Damit wird allerdings jeglichem Hoffnungsschimmer die Chance zur Entwicklung genommen.

Aber auch die Wunschträume und Illusionen sollten, meiner Ansicht nach, noch immer für die Realisierung offen bleiben.

Die Hoffnung kann in Begleitung sein, von der Angst und der Sorge, dass das Erwünschte nicht eintreten wird. Jedoch erst der völlige Absturz aus der Hoffnung ist die Hoffnungslosigkeit, bis hin zur Verzweiflung, zu Resignation oder in die Depression, zur Wendung in das Gegenteil.

Das Wort „Hoffnung" hat seine Wurzel in der mit-
telniederdeutschen Sprache. Als der Ursprung davon
gilt „hopen", also „hüpfen". Es heißt: Vor Erwartung
unruhig „herumzappeln" oder „herumspringen".

Die Hoffnung verdeutlicht eben die zuversichtli-
che Ausrichtung.

Nur eine wahre, positive Erwartungshaltung,
auch ohne die wirkliche Gewissheit, projiziert etwas
Wünschenswertes in die Zukunft hinein.

Das kann ein bestimmtes Ereignis oder auch ein
grundlegender Zustand sein.

Hoffnung ist somit die umfassend emotionale
und sicherlich eine für das Tun wichtige Ausrichtung
des Menschen auf die Zukunft. Hoffend verhält sich
jeder Mensch zielgerichtet optimistisch.

Die Hoffnung ist der erste Ansatz für die Entwicklung von Wünschen. Hingegen ist das bloße Er-
hoffen allein, für eine Realisierung zu schwach.

**„Drei Dinge helfen, die Mühseligkeiten
des Lebens zu tragen:
Die Hoffnung, der Schlaf und das Lachen."**

Immanuel Kant

**„Die Hoffnung ist der Regenbogen
über dem herabstürzenden
Bach des Lebens."**

Friedrich Nietzsche

**„Die größten Menschen sind jene,
die anderen Hoffnung geben können."**

Jean Jaures

Ohne den **Glauben**, an einen vielleicht möglichen Erfolg, bringt uns auch der schillerndste Hoffnungsschimmer nicht voran.

Der Begriff Glaube kommt aus dem Indogermanischen „leubh". Er bedeutet: „Begehren", „lieb haben", „für lieb erklären", „gutheißen", auch „loben".

Damit bezeichnet der Begriff eine tiefgründige Grundhaltung von Treue sowie des Vertrauens. Ursprünglich gemeint war also: „Ich verlasse mich auf ...", „ich binde meine Existenz an ...", „ich bin treu zu ...".

Das lateinische Wort credere, auch Credo, von cor dare steht für: "Das Herz geben/schenken". Das Wort wird besonders im Zusammenhang mit religiösen Überzeugungen gebraucht. Dieser Glaube ist somit die Überzeugung bezüglich der Lehre einer konkreten Religion oder einer Philosophie.

Auf dem Weg vom Nichtwissen zum Absoluten Wissen befindet sich der Glaube ziemlich genau in der Mitte. Darunter finden wir die Ahnung und darüber geht es mit Interesse weiter hinauf.

Die Gewissheit nicht nur zu ahnen, sondern eben wirklich wissen zu wollen oder sogar bereits zu wissen, versetzt eine Person in einen euphorischen Zustand mit gesteigertem Tatendrang.

Ohne den Glauben gäbe es weder die Überzeugung, dass da noch mehr sein könnte, noch das Begehren sich diesem Mehr zu nähern.

Sobald der Glaube in seiner noch ziemlich unsicheren Art in höhere Zustände bis hin zur Wissensgewissheit übergeht, befinden wir uns tatkräftig bereits auf dem Weg näher zum Zustand vollständigen Wissens.

**„Zu glauben ist schwer,
nichts zu glauben ist unmöglich."**

Victor Hugo

**„Wer glaubt, etwas zu sein,
hat aufgehört etwas zu werden."**

Philip Rosenthal, Unternehmer

**„Mit Glauben allein kann man sehr wenig
tun, aber ohne ihn gar nichts."**

Samuel Butler

Liebe sorgt für die Umsetzung einer Idee in die Tat, zum Wohle vieler. Sie drückt sich unter anderem in Wertschätzung füreinander so im Miteinander aus.

Das Gefühl der Liebe kann unabhängig davon entstehen, ob es erwidert wird oder nicht. So kann es sich um eine tiefe Zuneigung innerhalb von Familien (wie zu Eltern, Geschwistern oder dergleichen) oder um eine enge Verbindung im Geiste (z.B. Freundschaft oder Seelenverwandtschaft) handeln.

Man spricht dann von bedingungsloser Liebe, wenn diese tiefe Verbundenheit zu einer oder sogar zu mehreren Personen jeglichen Zweck oder Nutzen in den zwischenmenschlichen Beziehungen übersteigt. Sie drückt sich hier in der Regel durch eine verbindende, tätige Zuwendung aus.

Mittelhochdeutsch steht „liep" für etwas Gutes, Angenehmes. Wir finden „leubh" im Indogermanischen für „gern haben" oder „begehren" im Sinne von starker Zuneigung, die jemand einem anderen entgegen bringen kann.

Die übergeordnete Bedeutung bezieht sich auf die Hinwendung zu anderen Lebewesen, zu Einzelnen oder zu Gruppierungen, zu materiellen Dingen, ebenso zu geliebten Tätigkeiten oder zu Ideen.

Auf den wechselnden Bedeutungsebenen wird der Liebe verschiedene Wertigkeit zugewiesen.

Im christlichen Sprachgebrauch gibt es den Begriff der „Agape" für eine geistig oder göttlich inspirierte, selbstlose Liebe.

Zwischen einer sinnlichen Empfindung mit körperlichem Begehren, im Sinne von Sexualität, platonischer Liebe, eher geistig gesehen, ohne notwendigerweise körperlicher Annäherung, und der ethischen Grundhaltung zu Menschen sowie zum Göttlichen gibt es enorme Bandbreiten.

Eine mehr oder minder zeitlich begrenzte Liebe nennt man Verliebtheit. Diese tritt zumeist im Zusammenhang mit dem so genannten „Strohfeuer" auf, das schnell auflodert, jedoch auch schnell niederbrennt.

Verliebtheit, lässt dem Liebesakt kaum Zeit zur Entwicklung und mündet häufig lediglich in körperlicher Anziehung.

Der Mangel an Liebe führt bei Kindern häufig zu Hospitalismus, wenn das Kind den Liebesentzug, im Sinne von nur funktionaler Anwendung von Pseudo-Liebe, überhaupt überlebt.

Massivste Fehlentwicklungen bei den Liebesbeziehungen sind, im Sinne eines reinen Begriffes von Liebe, das Besitzdenken mit übermäßiger Eifersucht und freiwilliger oder fremdbestimmter Abhängigkeit bis hin zur Hörigkeit.

Erst, wenn wir im Bewusstsein der alles umfassenden Liebe vorwärts schreiten, uns als starkes TAO-Wesen wahrnehmen, gelangen wir zum entscheidenden Tun im Miteinander des Lebens.

„Du kannst Deine Augen schließen,
wenn du etwas nicht sehen willst,
aber Du kannst nicht Dein Herz
verschließen,
wenn Du etwas nicht fühlen willst."

Johnny Depp

„Was Du liebst, lass frei.
Kommt es zurück,
gehört es Dir - für immer."

Konfuzius

„Du und ich - wir sind eins.
Ich kann Dir nicht wehtun,
ohne auch mich zu verletzen."

Mahatma Gandhi

Mit der machtvollen Methode Spiritueller Rückführung gelangen wir absichtsvoll gezielt in tief sitzende Schichten des menschlichen Denkens hinein.

Was die Rat- und Hilfesuchenden für sich bewirken können, ist die Erleichterung von Informationen, die auf Postulate zurückzuführen sind.

Der Informationsgehalt im körperlichen sowie im geistigen Energiefeld lässt eine Heilwerdung im ersten Moment nicht zu.

Denn vorgeblich gehören diese Daten zum Über-lebenspotenzial des jeweiligen Menschen.

Bei der mehrmaligen Anwendung von Spirituel-len Rückführungen ändert sich die Einstellung beim Körper und vor allem im Verstand.

Die Person nimmt, entweder selbst oder erst mal mit der Hilfe von Spirituellen Rückführern, den be-wussten Kontakt zu den in Verwirrung geratenen Daten auf und erlangt so mittel- bis langfristig das unmittelbare HIER und JETZT.

Bei der Anwendung von Spirituellen Rückführun-gen geschehen in ihrem Verlaufe wahre Wunder, die unter anderem auf eine wesentlich verbesserte Fä-higkeit zur Imagination zurückzuführen sind.

**„Wer sich nicht mehr wundern und
sich in Ehrfurcht verlieren kann,
ist seelisch bereits tot."**

Albert Einstein

Wir machen Zukunft

Der Traum von Zukunft und von Wirklichkeit.

Gegenwart ist das Hier und Jetzt, die Zeiteinheit in der wir gerade leben. Von Gegenwart zu Gegenwart hangeln wir uns wie auf einer Art Zeitstrahl entlang, hinein in die Zukunft. Die Zukunft wiederum ist die Zeit die wir uns machen, ständig neu erschaffen, damit mögliche weitere Zeiteinheiten kommen werden. Wir gehen immer in die Richtung dessen, was unserer Meinung nach die Zukunft sein wird.

Wie mag unsere Zukunft dann wohl sein? So wie wir sie uns wünschen oder so wie unser Nachbar sie sich wünscht?

Sowohl andere als auch wir selbst haben offenbar eine bestimmte Vorstellung davon was sein sollte oder sein wird. Je mehr von uns in dieselbe Richtung gehen, umso wahrscheinlicher wird diese gemeinsam erdachte Zukunftsvision auch von der gedanklichen Wirklichkeit zur physikalischen Realität werden.

Die jetzige Gegenwart wird dann die Vergangenheit dieser Zukunft sein.

Aus einem geradezu unendlich großen Bündel von verschiedenartig möglicher Zukunft wird letztlich diejenige die ausgewählte physische Realität werden, über die, aufgrund der erdachten Wirklichkeiten, die allergrößten Übereinstimmungen der Vielen herrscht.

In gewissen Grenzen ist es uns, den vereinzelten TAO-Seelen, also tatsächlich möglich unsere Zukunft selbst zu bestimmen. Wie könnte so etwas aussehen?

Wir entwickeln eine Idee für das Leben, verfolgen gezielt und mit viel Ausdauer diese Vorstellung, bis wir sie verwirklichen können. Sodann verwirklichen wir sie und schaffen auf diese Art und Weise neue Realitäten im Universum.

Leider stoßen wir dabei immer wieder an Grenzen unserer Möglichkeiten. Wir lernen Barrieren, Schranken und Gegenabsichten kennen, eigene und die von anderen. Entweder wir akzeptieren diese oder wir überwinden sie und betreten schließlich Neuland, für eine weitere, mögliche Zukunft.

Die Schwierigkeiten bei der Realisierung von Ideen sind uns selbstverständlich nicht unbekannt.

Sie können zusammenhängen mit all den geistig geprägten Vorstellungen von Wirklichkeiten anderer bis zu deren Realisierung im Universum durch diese, von den Zukunftsprojektionen vieler anderer sowie von den bis dahin noch gar nicht entwickelten Materialien oder Techniken oder vielerlei möglichen Barrieren.

Wenn wir das trotzdem alles überwunden haben, unser Traum von Wirklichkeit nun Realität wurde, was ist dann? Wir haben etwas Neues geschaffen, ein Stück Zukunft kreiert. Und wir stellen fest: Nur so gewinnen wir im „Großen Spiel" und dem „Spiel des Lebens", ganz egal ob alle anderen Mitwesen mit unserer Kreation zu Hundert Prozent einverstanden sind.

Aus dieser Erkenntnis heraus fühlen wir uns dann irgendwie glücklicher.

Hierzu nun die folgenden, klugen Worte, mit denen wir uns einen brauchbaren Wegweiser hin zum GlücklichSein errichten können:

"Glück ist die Überwindung
nicht ganz unbekannter Hindernisse
in Richtung auf ein bekanntes Ziel."

Eines ist gewiss: Zukunft können wir nur dann in unserem Sinne machen, wenn wir in der Lage sind auch die Gegenwart zu leben, sie zu erleben und steuern zu können.

Ausschließlich die Fähigkeit zur Kontrolle über das HIER und JETZT lässt uns zu den machtvollen Wesen werden, die das Leben meistern.

Wir allein sind die Schöpfer, die Erschaffer unseres Lebens, aus der bereits gelebten Vergangenheit heraus, in dem unmittelbaren HIER und der JETZT-Gegenwart und zur möglichen Zukunft hin.

Selbst, wenn wir uns bereit erklären das Leben oder Teilbereiche davon an ein irgendwie geartetes höheres Wesen abzugeben, ist auch dies dennoch unsere ureigene Entscheidung.

Gegenwart und Zukunft sind zusammen mit der zurückliegenden Vergangenheit verschiedene Aspekte von Zeit.

Dieses Thema „Zeit" ist eines unserer liebsten Rätsel, bei dem sich schon viele Menschen den Kopf zerbrochen oder die Zähne ausgebissen haben. Was also ist nun Zeit?

Die korrekte Anschauung für die Zeit ist:

Bewegung im Raum!

Sie ist nicht irgendeine x-te Dimension, sondern einfach nur: Die in ihrem Ablauf messbare Bewegung von Energie und/oder Materie im Raum.

Es gibt allerdings einen objektiv messbaren sowie einen subjektiv spürbaren Ablauf der Zeit.

Mit unserem zunehmenden Alter verläuft die Zeit angeblich, ganz persönlich betrachtet, irgendwie schneller.

In jedem Falle sind wir allein es, als die ursprünglich an der Schöpfung für ihre Wirkungsweise Beteiligte, auch diejenigen, die es schaffen sollten, zumindest den Verlauf der eigenen Zeit zu kontrollieren.

Allerdings haben wir, wie selbstverständlich angepasst an den ach so modernen Zeitgeist, niemals Zeit.

Denn, mit "keine Zeit haben" drücken wir doch anderen gegenüber aus, wie wichtig wir sind: Haben wir keine Zeit dann, so sollen jene schließen, sind wir so gefragt, dass wir total überbeschäftigt sind.

"Zeit zu haben" scheint den gegenteiligen Eindruck zu erwecken; so als ob wir nichts mehr wert seien.

Deshalb fühlen sich Rentner viel zu oft total nutzlos, weil sie nämlich nach ihrem Arbeitsleben plötzlich über mehr Zeit verfügen können.

Fast sieht es so aus: Wir können es uns heutzutage gar nicht leisten, Zeit zu haben!

Wie arm sind wir dran! "Keine Zeit haben können" bedeutet nämlich auch: Kein JETZT haben können.

Das heißt weiterhin: Kein Leben haben können. Und das, so glauben viele von uns offenbar, ist heutzutage "In".

Ich selbst arbeite intensiv an einer Gegenwart, in der es zur Mode geworden sein wird "Zeit zu haben".

Denn erst dann können wir in aller Ruhe, aus der Gegenwart heraus, Zukunft gestalten, Dinge erschaffen und: Glücklich sein!

Mein Leitspruch lautet dabei:

„Ich gehe nicht nur wohin der vorgezeichnete Weg führen mag, sondern auch dorthin wo kein Weg ist und ich hinterlasse dabei eine Spur."

Dies finde ich erstrebenswert, um weiterhin ein dynamisches, gutes Überleben, mit Wohlstand im Leben sowie Zufriedenheit und Freude beim Erleben haben zu können.

Es ist geradezu unser aller Pflicht, ein starkes Miteinander in Gemeinschaften zu schaffen, sie dann zu erhalten und zu fördern. Mit anderen Organisationen sind sie zu vernetzen, die sich ebenfalls diesem Leitspruch anschließen können.

Ich stelle mir seit langem die Frage: Wie können wir gemeinschaftlich hier, zu dieser Zeit sowie im Laufe der Zeiten, mit genialen Ideen übereinstimmen, die sowohl die persönliche als auch die wirtschaftliche Selbstbestimmung fördern?

Mir ist nun klar geworden: Ausschließlich aus solchen Ideen heraus werden wir zu selbstbestimmten, selbstständig tätigen, von aktivem unternehmerischem Wirken bewegten Zugpferden beziehungsweise zu den stärkenden Stützen einer Gesellschaft der neuen Zeit. Erst bei der Entwicklung der von Menschen entfachten, hilfreichen Maßnahmen zur Unterstützung von weiteren aktiven Menschen, wiederum als Unternehmer, werden wir zu echten, wertvollen Mitmenschen.

Aus der Übereinstimmung mit etwas vollkommen Neuem, das von persönlicher Eigeninitiative geprägt ist, geht dabei dann hervor, dass auch jeder Einzelne den gemeinsamen und dennoch selbstbestimmten Traum verwirklichen kann.

So löst er sich aus den Fängen fremdbestimmter, staatlicher Pseudohilfe, die nur vom Mammon bestimmt und getragen wird.

Auch Einzelpersonen können auf diese Art und Weise, im großen Rahmen von wohlwollenden Gemeinschaften, ein Stück Zukunft real werden lassen.

Gemeinsame Ideen verdichten sich. Sie wachsen zur Bildung von Gemeinschaft in verschiedenen Gruppen heran. Solche Gruppierungen sollten möglichst in gut überschaubaren Einheiten organisiert sein. Daran beteiligte Menschen können sich dann wiederum leichter gegenseitig unterstützen.

Diese Menschen nehmen dabei, im wahrsten Sinne des Wortes, ihre Zeit und damit ihr Leben in eigene Hände.

Erfreulicherweise sind die Initiatoren entsprechender Aktivitäten manchmal stur und durchsetzungsfähig genug, um ihre Zeit erfolgreich für die im Miteinander wachsenden Aktivitäten zu nutzen. Möglichst viele Menschen können dadurch ihrem Beispiel folgen.

Auch mir machen ein solche Beispiele mehr Mut, dem einmal entwickelten, jetzt zu eigen gemachten Pfad zu folgen. Die von hoher Ethik getragenen und daher weitgehend unantastbaren Systeme läuten den Beginn einer neuen Ära ein.

Mit der Mithilfe beherzter Mitmenschen trägt sich die Idee der gegenseitigen Unterstützung rasch voran, von Mensch zu Mensch zu Mensch. Die Ergebnisse solcher Aktionen sind wahrhaft überwältigend.

Wer nicht wenigstens einmal erlebt hat, wie sich die Menschen voller Vertrauen, zwar nicht ganz uneigennützig aber mit offen gezeigter Freude und dadurch mit Schaffenskraft, gegenseitig helfen können, kann es kaum glauben.

Erst das fantastische Erlebnis in einer Gruppe Gleichgesinnter dabei zu sein, gibt genügend Realität für die Nachahmung.

Lasst Euch daher zum Miteinander einladen, von irgend jemandem, der auch Euch ehrlich unterstützt und Euch den Wohlstand gönnt.

Denn nichts ist überzeugender als die offensichtliche, wirklich handfeste und deutlich sichtbar sowie spürbar nachvollziehbare Realität, geboren aus einer im Geistigen ausgedachten Wirklichkeit.

Das hochwertige Produkt der Maßnahmen zur Unterstützung sind: Menschen die nach Zeiten schlimmer Entbehrungen wieder einmal erleben dürfen was Glück bedeuten kann.

Ich meine: Wir müssen angebotene Chancen dringend nutzen. Wir müssen mit dem uns eigenen, starken Sinn für Gemeinschaft übereinzustimmen, um kreativ an der Veränderung von im Geistigen entstehenden Wirklichkeiten mitarbeiten zu wollen, damit diese zu neuen Realitäten im Universum werden.

Die neue Gegenwart, das neue HIER und JETZT, erfordert nicht nur eine Vielzahl von Menschen, sondern vor allem starke Geister, die sich voller Enthusiasmus der Zukunft zuwenden.

Ein wahres Wort besagt hierzu:

"Der Geist ist der Boss."

Unser, in der Vielzahl einer Gemeinschaft, gestärkter Geist des Helfenwollens, muss durch tätiges Miteinander wieder rehabilitiert werden.

Das hochwertige Ziel von allen Menschen guten Willens sowie von deren guten Geistern heißt:

Selbsterkenntnis und Selbstbestimmung

Dies allein führt uns selbst zu mehr Selbstständigkeit, dem ständigen Selbst.

Denn je mehr wir von der Fremdbestimmung abhängig gemacht werden, umso weniger werden wir über uns selbst entscheiden dürfen.

Dies geschieht beispielsweise, wenn wir unsere Stimmen bei irgendwelchen der Wahlen abgeben, um sie dann tatsächlich für lange Zeit quasi verloren geben zu müssen. Die demokratischere Lösung wäre eine fortlaufende Mitwirkung über so genannte Volksabstimmungen.

Vermehrte, sich bürokratisch selbst vermehrende, von bösartig unterdrückenden Schwindlern oder Betrügern aufgezwungene Fremdbestimmung, ist das erklärte Gegenstück zur Selbstbestimmung.
Die aufgezwungene Fremdbestimmung ist das Mittel zur Verbreitung von Neid, Eifersucht und Missgunst.
Dies ist der Kontrollmechanismus der Leute, die uns mit ihrer, aus der Fremde bestimmenden, konzentrierten und zentralisierten Einflussnahme klein machen und dann klein halten wollen.
Durch eine gezielte Spaltung, durch Vereinzelung und durch die Polarisierung der Menschen untereinander wird Macht ausgeübt.

Deren erklärte Losung heißt:

„Teile und herrsche!",
im Sinne von: „Zerteile und beherrsche!"

So wurde in unserer Vergangenheit, der nicht allzu fernen Vergangenheit, daran gearbeitet, wirklich entsprechend mit Absicht darauf eingewirkt, dass Familien in ihren Grundfesten erschüttert wurden.

Die Familienclans, wie sie noch vor dem letzten Weltkrieg stark sein konnten, wurden aufgespalten. Individualismus war nun angesagt. Den modernen Singles bereitete man, wer auch immer dies war und ist, ein völlig neues Lebensgefühl, weit abseits ihrer Familien.

Nur, wenn wir, jeder von uns, ganz persönlich Verantwortung auf uns nehmen, selbstbestimmt füreinander eintreten, brauchen wir immer weniger staatlichen Einfluss.

Dazu ist es sinnvoll und überaus wichtig eine eher unorganisierte Bewegung mit eigendynamischem, ethisch sehr hochwertigem Charakter zu bilden. Diese Idee ist weitaus stärker, als jede aus der Fremde steuernde Organisation.

Lediglich kleinere, in der regionalen Nähe, weitgehend selbstbestimmt geführte Gemeinschaften, können mit gelebter Leichtigkeit etwas bewirken und im hohen Sinne der übergeordneten Menschenrechte tätig sein.

Deshalb: Schließt Euch vertrauensvoll zusammen! Bildet kleine, geradezu als privat anzusehende Einheiten. Helft Euch im Miteinander gegenseitig, beim Leben wie beim Überleben.

Werdet zum Vorbild für weitere Zellen mit hoher Moral und Ethik.

Nicht umsonst heißt es:

**"Zuviel Staat macht unfrei,
krank und arm!"**

Daher brauchen wir eine neu zu gestaltende Zeiteinheit, eine Zukunft mit total veränderten Realitäten, in der die persönliche Selbstständigkeit besonders hoch im Kurs stehen darf.

In trauter Einigkeit übernimmt dann ein jeder mit Freuden die Verantwortung für jedermann.

Entscheidend dabei ist, dass auch jeder allen anderen den Wohlstand gönnt.

Deshalb ein wichtiges Wort zum Thema Geld:

Geld darf niemals der alles bestimmenden Faktor im Leben bleiben. Es soll einfach nur nützlich sein, ohne im Vordergrund stehen zu müssen. Geld ist nichts anderes als eine andere Art von Energie. So wie Energie nur dann Wirkung zeigt, wenn sie in Bewegung gesetzt ist, so muss auch Geld ständig fließen.

Alle Maßnahmen, um Geld einzusperren oder abzusaugen, es der Leben spendenden Wirtschaft zu entziehen (wie zum Beispiel durch überhöht irre Steuern, übermäßiges Ansparen oder durch Überversicherung, waghalsige Spekulationen, ...), damit gezielt für einen Mangel zu sorgen, vermehren die Armut der Menschen. Geld hat allein dazu zu dienen, die Arbeit, Güter und Dienstleistungen, im angemessenen Ausgleich zu bezahlen.

Das Geld wurde pervertiert, sowohl in der Vergangenheit als auch in der Gegenwart, indem man: Mit Geld wiederum Geld macht.

In der Zukunft muss dem Geld wieder der ursprüngliche, sinnvolle Nutzen zugewiesen werden, einfach als ersatzweises Tauschmittel.

Gegenseitige Hilfe hat nur am Rande mit Geld zu tun!

Aber: Wer seinen Mitmenschen entsprechend hilft, darf selbstverständlich auch selbst Hilfe erwarten.

Allerdings können wir uns nur dann gegenseitig effektiv helfen, wenn wir uns untereinander auch kennen und verstehen.

Freunde helfen sich immer leichter als Fremde.
Das ist der einigende Gedanke der bereits bestehenden, vielfältigten Einheiten, in denen man sich wirklich gegenseitig kennt und sich in die Augen schauend Vertrauen aufbaut.

Das Vertrauen, das sich die Menschen dabei schenken, ist das Schmiermittel, um die Dynamik der Hilfsbereitschaft voran zu bringen.

Miteinander in Kommunikation zu kommen und zu bleiben löst eine Vielzahl von Problemen.

Wenn wir uns in diesem Geiste zusammentun, in dem Wissen und der Erkenntnis worum es dabei wirklich gehen kann, dann wird auch mein Traum von Zukunft zur Wirklichkeit.

**„Die Zukunft hat viele Namen:
Für Schwache ist sie das Unerreichbare,
für die Furchtsamen das Unbekannte,
für die Mutigen die Chance."**

Victor Hugo

„Die Zukunft soll man nicht voraussehen wollen, sondern möglich machen."

Antoine de Saint-Exupery

„Mehr als die Vergangenheit interessiert mich die Zukunft,
denn in ihr gedenke ich zu leben."

Albert Einstein

„Das Merkwürdige an der Zukunft ist wohl die Vorstellung, dass man unsere Zeit einmal die gute alte Zeit nennen wird."

Ernest Hemingway

Über den Autor:

Günter Karl Skwara, *19.07.1952

Während seiner vielfältigen beruflichen Tätigkeiten erlangte er Einblicke hinter die Kulissen von Betriebs- und Volkswirtschaft.

Ihm offenbarten sich zudem die sozialen Zusammenhänge, mit all ihren Ungerechtigkeiten und Abgründen.

Bei seinem Aufenthalt in Frankreich (1991 bis 1992) eignete er sich verschiedenes Wissen und Fähigkeiten an. Diese konnte er dann auch in Deutschland nutzen.

Er wurde Heiler von Morhange genannt und anerkannt als "Meister des Wandels" (master of change).

Seine Absicht besteht seitdem darin, Menschen aus dramatisch verfestigten Problemstellungen heraus zu helfen (physischer, psychischer sowie sozialer Art).

Als guter Zuhörer entlastet er, mittels Spiritueller Rückführungen, die schwierigen Situationen seiner Rat- und Hilfesuchenden.

Mit leichter Hand führt er sie zu eigenständig gefundenen Lösungswegen.

Er ist Begleiter auf dem Pfad zu Wohlbefinden, Zufriedenheit und GlücklichSein.

Günter Skwara

**Spiritueller
Rückführer**

Meditationsbegleiter

**Berater für Mentale
Kommunikation**

> Spirituelle Rückführung

> Finden von Ursachen, Aufarbeiten und Bereinigen alter
Ereignisse, Rehabilitation und Mobilisierung von
Kreativität, (Los)Lösen belastender karmischer
Verstrickungen und mehr. Transformation vom
Menschsein zu TAO, dem Geistigen Wesen.

> Mentale Kommunikation

> Die Magie effektiver, mentaler Kommunikation ist der
Königsweg, zur Lösung aller, von Menschen inszenierter,
Probleme. Bestandteile des Magischen Quadrates für
Verstehen dienen als Leitgedanken.

> Ganzheitlicher Energiefeldausgleich

> Aus dem Gleichgewicht geratene Lebensenergie wird
wieder stabilisiert und harmonisiert > für mehr
Ausgeglichenheit, Stabilität und Balance im Dasein.

> Spiegelmeditation

> Selbsthilfeprogramm: Erschließt Euch den Weg zum Selbst
(zu Selbsterkenntnis, Selbstbestimmung, Selbstständigkeit).
Taucht ein und rehabilitiert uralte Fähigkeiten!

Kontakt:
rueckfuehrer@googlemail.com

www.rueckfuehrer.de
www.studio-chi.de